湛庐 CHEERS

与最聪明的人共同进化

HERE COMES EVERYBODY

CHEERS
湛庐

学习的挑战

[美] 约翰·库奇 John Couch 贾森·汤 Jason Towne 著
徐烨华 译

My Life at Apple

浙江教育出版社·杭州

苹果公司是如何实现"挑战式学习"的?

扫码加入书架
领取阅读激励

扫码获取全部
测试题和答案
一起了解如何像苹果
公司一样应对挑战，
不断向未来学习

- 苹果公司参加美国国家计算机展会时，展位偏僻，他们用什么办法让更多人看到了他们的展位？（单选题）
  A. 在展会各个地点增加广告投放
  B. 与主办方协商更换展位
  C. 免费赠送迪士尼门票
  D. 在展会门口发放宣传单和展位地图

- 为了使苹果公司的高管在重要问题上达成一致，乔布斯决定每年举办一次高管静修会，该会议被称为"前100强"会议。在这个会议上，主要议题是？（单选题）
  A. 高层人员调整的公告
  B. 每位高管的年终工作总结
  C. 过去的成绩和现状
  D. 产品或服务的未来发展方向

- 在"当代明日苹果教室"，苹果公司创立了"挑战式学习法"，关于这个方法，以下描述正确的是：（单选题）
  A. 以传统的"由上而下"的授课为基础
  B. 学生在阅读大量资料后在课堂上讨论
  C. 老师只有在学生提问时才介入教学
  D. 老师和学生共同协作研究并解决现实问题

扫描左侧二维码查看本书更多测试题

推荐序一

技术驱动的教学正在颠覆行业

斯蒂夫·沃兹尼亚克
苹果公司联合创始人

这本书生动地讲述了我的苹果公司前同事、大学校友和老朋友约翰·库奇一生之中的诸多非凡经历。40多年前,当史蒂夫·乔布斯介绍我和库奇认识的时候,他已经是一位才华横溢、经验丰富的软件工程师了。当时,这样的人才在美国屈指可数。库奇毕业于加州大学伯克利分校,是美国首批计算机科学专业的毕业生之一。和我一样,他在毕业之后便开始在惠普公司极富远见的前首席执行官兼联合创始人比尔·休利特(Bill Hewlett)手下工作。

库奇拥有计算机相关学历和相当强大的专业背景,并且工作经验丰富,因此当我得知乔布斯带着 Apple Ⅱ 作为礼物出现在他家门口,打算请他加入公司开发一款能够改变世界的具有革命性的新型计算机时,我并未感到惊讶。乔布斯用他一如既往的说服力成功说服库奇加入苹果公司。于是,他像我一样成为苹果公司最早的员工之一。后来,他不断晋升,成为苹果公司的第一任新产品总监、第一任软件部门副总裁、最早的总经理之一，并在若干年后成为第一任教育副总裁。即便你可能从未听说过库奇，但他依然是苹果公司最有价值和最有影响力的人之一。

这本书将带你重温历史，书中讲述了关于苹果公司、乔布斯、库奇及他们数十年交往中多数人前所未闻的故事。如果你认为自己对苹果公司早些年的发展历程和乔布斯复杂的人格特质已经了如指掌，那你就错了。即便市面上有许多关于苹果公司和乔布斯的书籍和电影，但它们极少能像本书这样，从如此私人化的视角将故事娓娓道来。从库奇独特的角度出发，即使是你曾听过100万次的故事，你仍会觉得新鲜。他是一位极其善于讲故事的大师，能使你身临其境、感同身受，与他共同见证苹果公司历史上最为关键的一些时刻。比如，他与乔布斯一起去施乐帕克研究中心参观第一台个人计算机——Alto（奥托计算机）；迈克尔·斯科特（Michael Scott）在苹果公司大规模裁员引发的"黑色星期三"；苹果公司首次公开募股；苹果公司3款不同计算机的发布情况等。

这本书中，我最喜欢的一个故事发生在库奇刚刚进入苹果公司的第一周，那天他和乔布斯在会议室会见一位供应商。故意迟到的乔布斯光着脚走进来，爬上会议桌，盘着腿在会议桌中央坐了下来，看了供应商带来的打印机大约30秒，然后说道："这就是一堆垃圾。"说完立马起身走人。另外，我还喜欢其中的一些故事，包括：库奇和乔布斯试图说服约翰·斯卡利（John Sculley）离开百事公司，加入苹果公司出任首席执行官；库奇在乔布斯家的草坪发现一份750万股苹果公司股票的股权证书；库奇和乔布斯在一架面临炸弹威胁的飞机上，两人感人至深的对话……乔布斯曾经告诉库奇，他是自己认识的人中最值得信赖的人之一，他们还曾当众为20多年的友谊干杯。因此，库奇能有这么多与乔布斯相关的私人经历并拿出来与大家分享，也就不足为奇了。

推荐序一 技术驱动的教学正在颠覆行业

本书的确生动形象地刻画了乔布斯生活化的一面，但关于库奇如何带领团队创造出历史上最具革命性的Lisa计算机的内容，同样令人印象深刻。美国媒体将库奇称为"Lisa之父"，因为整个Lisa项目是由他全权负责的。我们如今所说的推动整个计算机行业变革的"Lisa技术"，正是由库奇带领的团队设计和开发的。听到人们将Lisa计算机描述为苹果公司的失败产品，我感到特别沮丧，因为他们并没有意识到这款产品实际上取得了多大的成功。这款产品不仅是苹果公司的成功，对整个计算机行业而言更是如此。库奇构思并撰写过一篇论文，文中他提出了"数据报（datagramming）"概念，该概念不仅为苹果公司的软件设定了战略方向，还极大地影响了在Lisa和Macintosh（麦金塔电脑）中使用的图形用户界面（GUI）的设计和开发。

正是由于"数据报"，Lisa得以向主流市场引入图形用户界面。而基于Windows终端的操作系统，计算机桌面、图标、文件、文件夹和菜单栏，以及复制、粘贴、编辑、拖放、保存和检索文档等，这些如今我们视为理所当然的操作界面和计算机操作，无不得益于图形用户界面的引入。库奇和他的Lisa团队还设计出现代鼠标，创造出数字版权管理技术，开发出办公软件套件等，并将它们带给了全世界。上述种种均是计算机领域至关重要的成就，也是如今不具备编程知识的人能够轻松操作计算机的主要原因之一。

事实上，Lisa是世界上有史以来最具革命性的计算机。虽然在许多人眼中，Macintosh才是苹果公司极为成功的一款产品，但如果不是因为库奇通过Lisa引入的种种创新，可能就不会有Macintosh的诞生。关于这一点，库奇在书中讲述了一段令人难忘的经历。有次，比尔·盖茨去机场接库奇和他的小儿子克里斯，亲自带他们参观了微软园区。在一天的行程结束时，盖茨对克里斯说："你可能永远也无法理解你爸爸给微软公司以及计算机行业带来了多么深远的影响。"确实如此，如果没有库奇的"Lisa 技术"，可能也就没有 Microsoft Windows 操作系统和 Microsoft Office 办公软件。Lisa 永远改变了计算机的设计和使用方式，并重塑了整个行业。

令我印象最深的是，库奇并未止步于这些骄人的成就，事实上，这些成就对他来说只是一个开始。在苹果公司推出 Lisa 计算机之后，库奇离开了公司，去探索新的机会。他成为天使投资人、企业顾问，带领一家 K-12[①]学校完成了转型，后来还担任了一家生物信息领域的初创公司的首席执行官。该公司在绘制人类基因组图谱方面的探索和研究，为如今的 23andMe 和 Ancestry 等公司开展诸如 DNA 鉴定之类的业务铺平了道路。乔布斯回到苹果公司后，他再次联系库奇，请库奇重归苹果公司，出任公司的第一任教育副总裁。当时，苹果公司的教育业务陷入困境已久，需要库奇利用他的领导力和创造力来扭转这种局面。这一次，库奇带领团队设计了一种由技术驱动的教学法——挑战式学习法，也设计了许多极富影响力的产品和程序，例如 iTunes U（逐步发展成 MOOC），以及 School Nights（逐步发展成 Apple Camps），以及一款基于大学的应用开发程序（该程序现已走向全球）。令人难以置信的是，在短短 10 年之内，库奇就将苹果公司的教育业务从 10 亿美元提升至 90 多亿美元，他的力量再次影响了整个行业。

多年来，我和妻子珍妮特·希尔（Janet Hill）一直与库奇保持着亲密关系。他不仅聪明有趣，而且充满热情。乔布斯和我都认为，苹果公司能够成为世界上最具创造力的公司，库奇功不可没。库奇是我们珍藏于箱底的秘密，如今是时候公布于众了。在这本书中，库奇有史以来第一次公开分享他的故事，让整个世界有机会得知他、乔布斯与我的种种过往。我保证，当你读完这本书后，你会发现，库奇不仅仅是一些远见卓识者麾下的一员猛将，他自己同样是一名当之无愧的远见卓识者。

[①] 指从幼儿园到 12 年级的教育，是国际上对基础教育阶段的通称。——编者注

技术革新引领学习的未来

栗浩洋
松鼠 Ai 创始人、董事长、首席教育技术科学家

"在任何一项足够先进的技术和魔法之间，我们无法做出区分。"这是英国科幻作家亚瑟·克拉克（Arthur Clarke）提出的三定律之一。生于如今这样一个充满科技奇迹的时代，新技术给人类带来的变化与福祉，正是如此令我们惊叹。

AlphaGo 拥有在高度竞争的环境中制定战略和做出最佳决策的能力，可以击败世界围棋冠军；由 AI 工具 Midjourney 生成的画作，能在美国科罗拉多州博览会的艺术比赛中获得第一名；IBM 的超级电脑沃森（Watson）只用 17 秒就掌握了有 30 多年经验的老医生一辈子的知识，为癌症病患提供最优的定制化治疗方案；将 ChatGPT 等人工智能技术融入投资模型中，能实现高达 500% 的投资回报率；AI 教学机器人能够战胜国家特级教师，准确地识别学生的知识点掌握情况，为学生推荐最适合的学习内容……

我们的世界，一直在技术发展的洪流之中不断前行。几千年前，农业革命让我们的祖先开始使用镰刀和耕犁；几百年前，工业革命让农民离开田野进入工厂。而现在，我们赶上了人类社会迄今为止最大的跨越发展期，享受人工智能时代各种新技术带来的惊奇、兴奋、思考与感动。

技术的革新看起来是瞬时的，但实际上，这背后是无数个漫长的故事。

作为一部兼具故事性、时代性、思想性的作品，我的朋友约翰·库奇在这本书中生动讲述了自己一生之中的诸多非凡经历。这本书不仅是 Lisa 计算机、Apple Ⅲ 等卓越的科技产品发展历程最好的见证载体，还全面地展示了乔布斯等科技领袖跌宕起伏的商业故事，勾勒出苹果公司的发展脉络，介绍了人工智能等新技术发展带来的变化与发展可能。

在《学习的挑战》中，既有专业的商业故事阐释，更有深刻的思想洞察。我相信这本书对创业者、投资者和科技工作者都具有极大的参考价值。也适合所有希望获得成长、在困境中破局的人阅读，不同的读者，相信都能从中有所收获和触动。

阅读的最大价值并不是得到答案，而是通过得到的启发提出问题，引发思考。

作为一名教育科技领域的创业者，这本书里记录的很多故事让我获得了极大的共鸣，包括库奇让一家濒临倒闭的学校成功完成改革，以及在他的带领下，iTunes U 和 Apple Camp 等教育类应用程序开发及推广的历程。"明日苹果教室""连接教育计划""孩子们不能再等"等研究项目和教育计划的诞生与发展，也深深触动了我。

推荐序二　技术革新引领学习的未来

技术的发展代表着世界最高新的一面，科技的触角可以延伸到很多人类无法抵达的角落。以历史上类似的重大变革为鉴，技术不能是一种架空的虚荣，技术应该成为蒲公英的种子，飘向更广阔的土壤，发芽生长。我所创办的企业松鼠Ai，就是依托于自主研发的智适应教育大模型及AI新技术，打破因地域限制及贫富差距产生的壁垒和鸿沟，为孩子提供"苏格拉底+达·芬奇+爱因斯坦"的超级AI智能老师，让他们获得个性化的学习体验，激发自己的潜能，成为更好的自己。

人类社会的每一次重大转型，都得益于对教育的重视和普及。正如库奇在书中所提及的那样，教育是一场"无限的游戏"，是帮助人类开启美好未来的金钥匙，在教学中使用科技以及因"境"施教至关重要，这是以往库奇所实践的，也是当下我们需要继续去探索推进的。

期待你和我一样，从这本书中获得对"技术真正的使命和价值是什么"的进一步思考。这是这个时代最重要的思考，而库奇这本《学习的挑战》，可以帮助我们参与到这场思考中来。

我期待这本书展示的这些故事，能加深读者对这个时代的新技术新产品的理解，给读者带来充实、快乐的阅读体验。也希望能有更多的读者有机会阅读这本书并获得启发，不畏惧将来，以更好的姿态拥抱、迎接充满挑战和变化的新时代。

MY LIFE AT APPLE 前言

挑战式学习，在充满变动的环境中取得成功

> 生活充满了神秘和出人意料之事，你永远不知道下一刻将会发生什么。
>
> 史蒂夫·乔布斯

和温斯顿·丘吉尔一样，史蒂夫·乔布斯拥有一种非凡的能力，他非常善于鼓舞人心。2005 年 6 月 12 日，他站在斯坦福大学的广场上，面对一群热情洋溢的毕业生、校友、教职员工和朋友，发表了毕业演讲。

演讲接近尾声时，他对所有人说："求知若饥，虚心若愚。"（Stay Hungry, Stay Foolish.）在许多人看来，这是他一生之中最有力的演讲。和其他人一样，我同样认为那次演讲的内容十分深刻。在大约 5 分钟的演讲里，他回顾了自己的经历，说道："要想从自己的种种经历中获得启发，通过展望未来是无法做到的，只有回顾过往才能做到。"

学习的挑战　My Life at Apple

　　正是这种想法，让如今已经 72 岁[①]的我想回顾自己的人生经历和职业生涯，并尝试在这些经历中找寻意义。我在苹果公司出任副总裁已有 20 年之久。在这些年里，我曾去往世界各地，与学生、家长、教育界领袖甚至一些国家的总统分享乔布斯的愿景。其间，来自不同国家、说着不同语言的人经常问我一些相同的问题，例如，"苹果公司早期是什么样的？""与乔布斯共事是一种怎样的体验？"不论是这些屡被问及的问题，还是一些人们不曾提过的问题，你都将在本书中找到答案。

　　本书的第 1 章讲述了我的教育和专业背景，这些经历使我得以在苹果公司充满变动和挑战的环境中取得成功。我将讲述我在加州大学河滨分校第一次接触计算机的故事，以及我如何成为加州大学伯克利分校首批计算机科学专业的 50 名毕业生之一。随后，你将读到我在惠普公司的经历。在那里，我得到了毕业之后的第一份工作，在惠普当时极负盛名的首席执行官比尔·休利特手下任软件工程师。直到有一天，一位雄心勃勃且极具远见卓识的年轻人意外来访，试图说服我离开惠普公司，他就是史蒂夫·乔布斯。在自愿接受大幅减薪的情况下，我加入了他创办的极具潜力的初创公司：苹果电脑公司（2007 年更名为"苹果公司"，本书后文统一称"苹果公司"）。当时，我未曾料到，这家初创公司在成立的前 5 年就能实现迅速发展，跻身世界前列。

　　在第 2 章和第 3 章，我将以苹果公司第 54 号员工的身份，向你讲述苹果公司创立初期的故事。你将会读到在我刚加入苹果公司时，乔布斯做了一件多么令人吃惊的事情，这不禁让我怀疑加入苹果公司的决定是否正确。我还会与你分享苹果公司早期的企业文化和价值观，以及一些内部的电子邮件和文档，看完这些，你就能明白我为什么会对自己在如此短的时间晋升为公司的软件部门副总裁感到惊讶。你还将读到我、乔布斯和其他人的

[①] 原书写于 2019 年，2021 年首次出版。——编者注

前　言　挑战式学习，在充满变动的环境中取得成功

施乐帕克研究中心之旅，这次尽人皆知的参观激发了我们的灵感，促使我们重新思考公司的发展方向，并制造出两款具有革命性意义的计算机。

你将从第 4 章中了解到 Lisa 计算机的早期设计和开发，以及我们在 Apple Ⅲ 开发过程中面临的挑战。你将读到苹果公司在首次公开募股之前、期间和之后的种种情况，以及在臭名昭著的"黑色星期三"期间，公司究竟经历了什么。

在第 5 章和第 6 章，我深入探讨了苹果公司内部组织结构的重大改革，这次改革使我被任命为 Lisa 部门总经理和副总裁。你会了解到是什么事情导致乔布斯如此失望，以及这种失望又是如何促使 Macintosh 的诞生。你将读到那次乔布斯和我打赌背后的真相。我还将向你介绍 Lisa 技术，以及我们团队在设计新型硬件并实现其与新型软件之间的无缝协作时所面临的诸多挑战。你将了解到在乔布斯与微软公司的盖茨达成"世纪交易"之后，我与乔布斯当面谈了些什么。你还会知道为什么盖茨会亲自邀请我去微软总部参观拜访。

第 7 章讲述了苹果公司推出 Lisa 计算机的经过、市场对这款产品的反应、这款产品所获得的成功以及预料之内的失败。你将了解到 Lisa 和 Macintosh 两款产品之间的异同，以及这两款计算机对个人计算机未来的影响。我还会向你讲述，在约翰·斯卡利成为苹果公司的首席执行官之前，我与乔布斯进行的一次会议，你会明白为什么彼时苹果公司内部早已发生了翻天覆地的变化。

接下来，在第 8 章和第 9 章，我将向你讲述我离开苹果公司的那些年的经历、我辞职的原因，以及我可能还在无意之中违反了证券法的经历。你会读到，我对苹果公司的"黑暗时期"持何种看法，以及我在同一时期

XI

艰难渡过的人生困境。你还会读到，在离开苹果公司之后，我带领一家濒临倒闭的学校成功完成改革的详情，出任一家创新生物信息公司的首席执行官的原因，以及这些经历又是如何为我重回苹果公司再次任职做好准备的。

通过阅读第 10 章至第 12 章，你将理解为什么乔布斯会邀我重回苹果公司，并出任公司的第一任教育副总裁。你会读到我和我的团队为苹果公司教育业务所做的一切努力，其中包括"明日苹果教室"（Apple Classrooms of Tomorrow，ACOT）、"明日苹果教室 2.0"（Apple Classrooms of Tomorrow-Today，ACOT²）和"连接教育计划"（ConnectED）等研究项目，"孩子们不能再等"（Kids Can't Wait）、"教师专属"（X for Teachers）、"苹果杰出教育工作者"（Apple Distinguished Educators）等教育计划，iTunes U 和 Apple Camp 等教育类应用程序，一款始创于巴西并逐渐在全球范围内得到推广的应用开发程序。正是由于这些不懈的努力，苹果公司的教育业务实现了数十亿美元的增长。

从第 13 章至第 15 章，你将会了解到，乔布斯在我眼中是一个多么复杂的人。从年轻时我们初次结识，到世界痛失一位极富远见之人，我们已经相识很久。你将从书中读到此前无人公开讲述过的故事，了解到乔布斯为何会为我们 20 年来的友谊干杯，以及对于他无人能及的专注力、远见卓识和乐善好施等种种品质，我又持何种看法。你还将读到苹果公司的另一位联合创始人，也是我的密友——斯蒂夫·沃兹尼亚克的故事，以及沃兹尼亚克和乔布斯之间最大的不同之处。

在最后一章，我将带你看到，在失去乔布斯之后苹果公司内部的状况，以及我对苹果公司彼时翻天覆地的变化的看法。我也将带你了解苹果公司教育部门惨遭解散的始末、公司内部令人费解的重大人事变动，以及

前　言　挑战式学习，在充满变动的环境中取得成功

随着我上一本书《学习的升级》(*Rewiring Education*)[①]出版之后引起的种种争议，这些因素最终导致了我离开苹果公司。最后，在结语中，我将向你讲述我在离开苹果公司之后所从事的工作。我将阐述为什么说教育是一场"无限的游戏"；为什么需要在全球范围内大力宣传，才能让教育界领导者认识到在教学中使用科技以及因"境"施教的重要性；为了实现乔布斯对教育的愿景，我所坚持付出的各种努力。

能就职于全世界最著名的公司之一，并与乔布斯共事，我感到十分幸运。当你随我一起回顾往事，并在了解这种种经历的过程中有所收获时，你将能够更加透彻地理解为什么苹果公司能够创造如此辉煌的成就。外界对乔布斯的描述或准确或不实，只有我们这些在苹果公司的崛起、衰落和重生中一直与他共事的人，才能够彻底地理解他复杂的一面。我希望这本书能激励你去"另辟蹊径"，创造非同凡"想"。请你相信，一切皆有可能。

[①] 约翰·库奇在《学习的升级》一书中分享了自己 50 多年的"教育＋技术"跨界研究经验，全面论述了如何将科技和新的教学理念应用到学习的升级中。本书中文简体字版已由湛庐引进，浙江人民出版社于 2019 年出版。——编者注

MY LIFE AT APPLE 目录

推荐序一　技术驱动的教学正在颠覆行业
　　　　　　　　　　　　斯蒂夫·沃兹尼亚克
　　　　　　　　　　　　苹果公司联合创始人

推荐序二　技术革新引领学习的未来
　　　　　　　　　　　　栗浩洋
　　　　　　　松鼠 Ai 创始人、董事长、首席教育技术科学家

前　言　挑战式学习，在充满变动的环境中取得成功

第 1 章　放弃因循守旧之路　　　　　　　　　　001
　　　　　什么是真正的学习　　　　　　　　　004
　　　　　打破常规，选择适合自己的路　　　　006
　　　　　苹果公司诞生　　　　　　　　　　　007
　　　　　初见乔布斯　　　　　　　　　　　　011
　　　　　成为苹果公司的第 54 号员工　　　　 014

第 2 章　应对早期苹果的挑战　　　　　　　　　017
　　　　　"好到爆"或是"一坨屎"　　　　　　021
　　　　　急速增长期的挑战　　　　　　　　　023
　　　　　向无人探索过的领域前进　　　　　　026

第 3 章　主导苹果软件计划　033

寻找"软件英雄"，借助他人的创造力　037

管理整条 Lisa 产品线，开发革命性计算机　040

拥抱革命性计算机的关键技术　043

乔布斯背后的真正掌权人　047

第 4 章　打开企业办公市场　051

永远用创新而非用钱来解决问题　054

让公司飞速增长的秘诀　057

苹果公司上市　059

新技术改变认知　060

"黑色星期三"大裁员　062

第 5 章　个人计算市场的角逐　065

Lisa 的命运被改写　068

是什么促使了 Macintosh 的诞生　070

Lisa 和 Macintosh 的较量　071

欢迎新对手 IBM　073

"Lisa 技术"彻底颠覆计算机史　076

第 6 章　Lisa 开发的三重挑战　081

Lisa 脱颖而出的关键　085

打造人们闻所未闻的用户体验　086

技术开发中的三重挑战　088

与比尔·盖茨的"世纪交易"，将公司机密拱手让人　093

目 录

第 7 章　**Lisa 改变了什么**　099
　　吸引将帅之才　104
　　Lisa 是一款失败的产品吗　106
　　Lisa 在计算机史上的影响　109

第 8 章　**用苹果的精神挑战教育领域**　113
　　做出离开苹果的决定　117
　　一场富有预见性的告别　119
　　用在苹果学到的一切改变学校　121
　　苹果内部发生决裂　125

第 9 章　**回到硅谷的挑战中**　129
　　一个无法拒绝的机会　132
　　用愿景领导力模型攻克挑战　135
　　超前思考，而非只关注现状　140
　　重回苹果的契机　143

第 10 章　**回归苹果，创造教育的未来**　147
　　接手苦苦挣扎的教育业务　151
　　排除人事上的阻碍　154
　　找准教育技术开发的重点——学习能力的提升　160
　　教育改革的激情点燃整个团队　163

第 11 章　**在教育中应用挑战式学习**　169
　　推行"孩子们不能再等"计划　172

3

新的教学法——"挑战式学习"诞生   174
"挑战式学习"的巨大威力得到验证   176
为推广创新、个性化和实践式教育而奋斗   178

第 12 章　用新技术实现挑战性学习目标   183

唤醒创造力的完美系统 Mac OS X   185
激发学习力的应用套装 iLife   191
持续探索新技术的教育价值   193

第 13 章　作为远见卓识者的乔布斯   203

永远保持虚心、开放的态度   207
用超级语言表现力征服世界   210
作为天才的幸运与无奈   212

第 14 章　私交中的乔布斯   219

"为我们 20 年的友谊干杯"   222
"我能在哪里认识一位好妻子？"   223
精力只放在最主要的事情上   226
沉默的慈善家   228
授人以渔，则让人终身受用   230

第 15 章　我在苹果的精神领袖   233

乔布斯，一切皆有可能   236
沃兹尼亚克，永远年轻，永远热爱   239

目 录

第 16 章	继任者领导下的苹果教育	245
	应对数千个教育市场的挑战	248
	加入"连接教育"计划	250
	将教育热情带入新角色	254
	开启人生新旅程	258
结　语	学习的升级是一场无限的游戏	261
跋		269

第1章

放弃因循守旧之路

MY LIFE AT APPLE

对我而言，计算机是人类发明的最卓越的工具之一。个人计算机相当于人类大脑的自行车。

——史蒂夫·乔布斯

我与乔布斯的相遇绝非偶然。虽然当时我并不知道，但如今回想起来，自上大学的那一刻开始，我生命中的种种境遇都注定我将会加入苹果公司。在那里，我将负责设计并开发第一款拥有图形用户界面的个人计算机。这本书并非乔布斯的传记，但我与乔布斯在人生之路上两次相遇的故事，对本书而言依然有着重要的意义。

这段如旋风般出乎意料的旅程始于1968年。那时，我是加州大学河滨分校一名物理专业的本科生。在大三那年的期末考试中，教授只出了一道题："描述旋转陀螺在自由空间中的运动。"这道题对我们来说非常难，因为教授从未讲过这类题，教科书中也未曾涉及。一时之间，全班同学都开始恐慌起来，包括我自己，因为我们都不知道该如何作答。我无法通过死记硬背来解决这道题，也尚不具备构想题目中旋转陀螺的运动轨迹并推导公式的能力。

在此之前，具体来说是从高中到大学的前几年，背公式一直是我在考试中的制胜法宝。然而，这道题使我明白了，无论是后续的学习深造还是未来的职业生涯，乃至我的整个人生，仅凭这个制胜法宝来应对各种问题是不可能的。死记硬背、生搬硬套一些知识和公式并不是真正的学习，真正的学习是能够通过批判性思维去构想复杂问题的解决方案。不管是之后我在苹果公司按乔布斯的要求开发一款人人都能使用的个人计算机，还是后来踏上重塑教育之路，我都始终铭记那次物理考试带给我的教训。

什么是真正的学习

1968年晚些时候，我在学校开设的"园艺科学120"课程中，第一次使用计算机。奇怪的是，园艺系是少数能够负担得起IBM计算机的院系之一。当时，该系设置入门级计算机编程课程，我和好友伊斯顿都对这门课程感到好奇，所以我们选修了这门课程。没过多久，我就深深迷上了计算机编程带来的挑战，因为编程中永远不存在唯一正确的答案。对编程而言，死记硬背是无效的，因为编程完全依赖于批判性思维和解决问题的能力。这让我觉得编程既具有挑战性，又令人振奋。我对计算机和编程（后来人们称之为"编码"）的迷恋由此开始。正是在学习这门课程的过程中，我下定决心，无论今后从事何种职业，它都必须与计算机技术紧密相关。

当我在加州大学河滨分校读书时，就在附近的加利福尼亚州丘珀蒂诺市（Cupertino），雄心勃勃的13岁少年乔布斯正在到处寻找零部件来制作"频率计数器"。1968年还没有互联网，他获取这些零部件的渠道极为有限。但乔布斯天生不畏困难，他决定直接向当地一家大型科技公司的首席执行官要一些。乔布斯不知道没人会答应这种事情，也不知道天底下没有这么便宜的事。很显然，没人告诉乔布斯这些，他所相信的是：一切皆有可能。因此，乔布斯给他所能想到的最大的科技公司——惠普公司打了电话，大胆要求与联合创始人兼首席执行官比尔·休利特通话。巧的是，这件事后没多久，比尔·休利特成了我的上司。我不知道当时乔布斯用了什么方法，总之他成功地让休利特接了电话，并向休利特讨要零部件。这个少年的勇气和雄心给休利特留下了深刻的印象，于是，他不仅答应了乔布斯的要求，还给乔布斯提供了一个暑期实习的机会。也就是说，乔布斯刚升入洪斯戴高中，就已经有了令人羡慕的进入惠普公司实习的机会，他甚至可以直接在惠普公司装配线上设计并制作频率计数器。后来的几年里，休利特不仅是乔布斯的榜样，还是他灵感的来源。

彼时，我仍在大学按部就班地学习专业必修课程。然而，我对物理专业并没有像对计算机编程那般发自内心的热爱。我真的很想完全投入新兴的计算机领域中。我想转专业，但我所在的大学并没有开设针对本科生的计算机科学专业，于是我计划转去别的学校。功夫不负有心人，600多千米外的加州大学伯克利分校艺术与科学学院在那年恰好刚刚成立了计算机科学系。

当时，我需要做一个艰难的选择：我已经在加州大学河滨分校读了3年，我是应该继续读下去，还是应该追随对计算机科学的热情，换个学校重新开始学习，即便谁也无法保证该校新开设的本科专业能否跟上这个不可预测的新兴行业的步伐？

那时的情境让我不禁想起一句古老的非洲谚语："永远不要用双脚去试探河水的深度。"然而，在大三学年结束时，我决定不理会这个教诲。我与恋人结婚，然后一起转学到了加州大学伯克利分校。在那里，我为计算机行业的职业生涯奠定了基础。

学习的挑战　My Life at Apple

打破常规，选择适合自己的路

1969 年，我被加州大学伯克利分校文理学院计算机科学专业录取，在经过 4 个学季①的学习之后，获得了学士学位。随后，我被该校工程学院电气工程和计算机科学专业录取为硕士生。再后来，作为博士项目的 6 名录取者之一，我又转回到计算机科学系，并在那里度过了两年半的学习生涯。

在通过博士预答辩和课程作业后，我的最后一项任务就是完成毕业论文。但我遇到了一个阻碍，导师坚持要求我将重点放在"程序的正确性证明"上，而我对此毫无兴趣。在攻读博士学位的几年中，我发现自己对计算机理论研究兴趣了了，而对计算机在现实世界中的应用兴趣浓厚。我对计算机用户界面和错误恢复技术尤其感兴趣，因为这些工具让非技术人员也能有效地使用计算机。

我想起，在 1969 年 5 月 15 日那天，我正在学校的劳伦斯科学馆的 Control Data 7600 计算机系统上认真地完成一项编程任务。许多人正在附近的人民公园举行抗议活动，但当时谁也不知道那一天的活动会发展成学校历史上最为暴力的一次抗议活动，成为令人永远无法忘记的"血腥星期四"。最初的和平集会突然变成大规模骚乱，6 000 多名愤怒的抗议者与数百名警察和 2 700 多名国民警卫队士兵对峙，场面极度混乱。我没有参加抗议活动，虽然我也支持反战运动，但我相信社会的变革更有可能源于技术，而非街头示威。从那个星期四所发生的事情来看，我没有参与抗议活动是明智的。

---

① 在美国大约 20% 的学校实行学季制，一年共有秋冬春 3 个学季，每个学季时长 10 周到 12 周。——编者注

我对技术力量的坚定信念使我明确认识到，我今后的职业生涯一定会为计算机和软件的巨大潜力所驱动，这使我迫不及待地想要踏入职场。经过深思熟虑，我做出了放弃博士学位的艰难决定。最终我只获得了准博士学位（All But Dissertation，ABD）①，但我并不后悔。我非常满意的是，这一决定使我成了加州大学伯克利分校计算机科学专业的首批50名毕业生之一，这也是我生命中极其关键的决定之一。得益于此，很快我就遇见了乔布斯，并加入了苹果公司。即便是在今天，对于那些觉得自己选错了专业或职业的人而言，我的这段经历似乎依然能够带给他们一些启发。令我感到惊讶的是，许多人放弃了因循守旧之路，主动选择了适合自己的路。多年以后，托德·罗斯（Todd Rose）在他的畅销书《成为黑马》（Dark Horse）中，讲述了我在加州大学伯克利分校放弃博士学位并进入苹果公司的这段经历。《成为黑马》一书讲述了许多人的故事，他们在生命的各个阶段做出了打破常规的重大决定，并成功改变了自己的职业道路。书中，罗斯在我的故事结尾处写道："库奇决定发挥个性来追求个人满足感，也由此获得了创造卓越的专业能力。"

苹果公司诞生

就在我即将从加州大学伯克利分校本科毕业时，在向南80多千米处的洪斯戴高中，一位即将在工程领域大展拳脚的天才少年——斯蒂夫·沃兹尼亚克刚好要从那里毕业。同年，乔布斯升入这所高中。第二年，沃兹尼亚克前往科罗拉多州上大学，但在入学第一年，他就因恶作剧入侵学校的计算机系统而被开除。1971年，他成功制造了一台个人计

---

① 即只通过了博士资格考试，但是未获得博士学位。——编者注

算机，并被加州大学伯克利分校录取。通过朋友介绍，他认识了乔布斯，他们虽然在年龄上相差几岁，但有很多共同点，尤其是在对技术的热爱上。

沃兹尼亚克是个极爱恶作剧的人，当时，他通过"借鉴"电话说明书中的技术原理，自创了数字"蓝盒子"。通过"蓝盒子"，他能够无限制地向世界任何地方免费拨打恶作剧电话。乔布斯不像沃兹尼亚克那样爱玩恶作剧，但他看到了"蓝盒子"的潜力。于是，他说服沃兹尼亚克出售这些"蓝盒子"，他们并没有意识到这种行为是违法的。几十年后，乔布斯在采访中说道，如果没有沃兹尼亚克当初创造出的"蓝盒子"，也就不会有苹果电脑的诞生。

1972年，当乔布斯离开旧金山湾区去俄勒冈州的里德学院读大学时，我刚开始在惠普公司工作。当时，我正在为一台价值250 000美元的大型计算机编程。时任惠普公司首席执行官的正是休利特，几年前休利特曾为乔布斯提供零配件，并邀请他进公司实习。我当时的直属上司是汤姆·惠特尼（Tom Whitney）博士，他之前是高级开发实验室的总负责人，后来成了HP 3000实验室的工程经理，带领团队在实验室里开发了第一台手持计算器HP-35。1972年2月，公司以395美元的价格推出了该款计算器。HP-35计算器是一款巅峰之作，因为它不仅能以逆波兰表示法[①]进行加减乘除的运算，还能计算对数函数与三角函数。

那时，计算器的体积都很大，而休利特想要制造一台小型计算器，并坚持要求开发人员将它做得小到可以放进衬衫口袋里。当时的市场研究显示，没人会花395美元去购买一台计算器，但HP-35一经推出便大

---

① 一种由波兰数学家扬·武卡谢维奇（Jan Łukasiewicz）1920年引入的数学表达式方式，在20世纪六七十年代，逆波兰表示法被广泛地用于台式计算器。——编者注

获成功，不仅彻底颠覆了传统的计算器市场，还向世界表明，企业在判断市场需求时，不应仅依赖市场调研的结果。我最喜欢的一句名言来自拉尔夫·沃尔多·爱默生，他说："人们只能看到他们想看到的东西。"换而言之，市场调研仅在评估现有市场时有效，对开辟新市场并没有太大意义。

福特汽车公司创始人亨利·福特之前所持的理念与此类似，他说，如果他仅凭市场研究，询问人们想要什么代步工具，他们只会想要一匹更快的马。不依赖市场调研是休利特在创建惠普公司时所坚持的几个关键理念之一，这一理念对我后来在苹果公司做的许多决定产生了深远的影响。

在惠普公司工作的5年中，我还从休利特那里学到了另外一个令我印象深刻的理念——"撑死的企业比饿死的企业多"。也就是说，企业需要合理控制自身能够处理的项目数量。后来，我与乔布斯分享了这一理念，他将其稍作修改，纳入了苹果公司的企业理念。对于这一理念，乔布斯概括为："我们选择不去做的8件事和我们选择去做的2件事，都令我们引以为豪。"

1974年，乔布斯找到了第一份工作，在游戏公司雅达利（Atari）任电子工程师，为其创始人诺兰·布什内尔（Nolan Bushnell）工作。在雅达利工作期间，乔布斯曾付钱给仍在惠普工作的沃兹尼亚克，让沃兹尼亚克帮他最大限度地减少单人版《乒乓》（Pong）所需的硬件[①]。在当时，《乒乓》是一款非常受欢迎的主机游戏，后来更名为《打砖块》（Breakout）。后来，这款游戏大获成功，沃兹尼亚克功不可没。此后不

[①] 当时的游戏机只能在芯片上集成晶体管电路，但晶体管价格昂贵，所以雅达利一直希望减少晶体管数量。——编者注

久，乔布斯就离开了雅达利公司，前往印度开启了他的修行之旅。旅行结束之后，他又回到俄勒冈州的一个苹果农场。

1976年4月1日，乔布斯、沃兹尼亚克和第三位合伙人罗纳德·韦恩（Ronald Wayne）共同创立了苹果公司。这家崭露头角的初创公司诞生于乔布斯家的车库，在那里，他们成功售出了第一台名为"Apple"（后来被称为Apple Ⅰ）的计算机，该计算机由沃兹尼亚克设计并手工制作。Apple Ⅰ以电脑套件的形式在新泽西州大西洋城的个人计算机节上推出。由于沃兹尼亚克对重复数字的迷恋，他们决定将其以666.66美元的价格卖给计算机爱好者。1977年，苹果公司正式注册成立。同年，该公司在西海岸计算机展上推出了Apple Ⅱ样机，并获得了巨大的成功。

我还在惠普公司工作时就听说过Apple Ⅱ。尽管Apple Ⅱ背后的理念很有趣，但我很难想象当时能够存在真正意义上的个人计算机，因为有许多问题尚未解决。最主要的问题是，小型企业的管理者及大众很难找到能为这些计算机编写程序的人，当时很少有人具备编程的能力。真正意义上的个人计算机意味着人们无须掌握编程语言，就能了解解决问题所需的数据和关系，我将这种操作环境称为"数据报"环境。

第一款能够克服该问题的应用程序"VisiCalc"[1]于1978年才问世，"HyperCard"[2]和可视化编程等其他应用程序则出现得更晚。纵然我对个人计算机的想法着迷不已，但我知道就苹果当时推出的新产品而言，必须有一个强大的软件环境才能使之成为真正意义上的个人计算机。许多人的想法与我不谋而合。

---

[1] 第一款电子表格软件，能简化计算流程，提高工作效率。——编者注
[2] 第一个链接了文字、图片和声音的软件程序。——编者注

初见乔布斯

1976年，我在惠普公司担任软件部门的经理，接到了前任上司汤姆·惠特尼的电话，他想让我见见乔布斯。在完成HP-35的开发工作之后，惠特尼晋升为HP 3000实验室的工程经理，现在我负责带领该部门的软件开发团队。然而，在1978年初，惠特尼离开了惠普公司，加入乔布斯的初创公司，担任苹果公司的工程副总裁。苹果公司当时只有大约50名员工，包括2名还在上高中的软件程序员，他们在放学后才会去公司工作一小段时间。惠特尼很清楚，他在软件开发方面需要更多得力干将，他也知道我的学历和工作背景可能将对苹果公司的成功起到至关重要的作用。在我们的通话中，惠特尼说，Apple II DOS 操作系统和BASIC解释器全都是沃兹尼亚克亲自编写的。除此之外就只剩两个实用程序，一个是将数据从盒式录音机转存到存储器上的"数据移动器"，另一个是小型应用程序。他告诉我苹果公司急需人手，因此，他想在家里安排一顿午餐，介绍我和乔布斯认识。当时，我并未考虑离开惠普公司，但出于对惠特尼的尊重，我依然答应赴约。

几天之后，我开车去了惠特尼家，他将我引荐给了乔布斯。初见乔布斯，他与我想象中的样子差别很大。那时候他只有21岁，看起来甚至更年轻。与我一身休闲裤和白衬衫的传统装束不同，乔布斯穿着一件T恤衫、一条Levi's牌旧牛仔裤和一双勃肯牌凉鞋。他的眼睛炯炯有神，留着与嬉皮士一样长长的黑发，整个人呈现出一种谜一般的气质。他看起来更像是一位好莱坞演员，而不是计算机行业的创业者。毫无疑问，他与我在惠普公司见过的所有人都截然不同，我尤为欣赏他的雄心壮志。

刚见面，乔布斯就开始热切地分享他的愿景，他言辞之间充满力量，饱含激情，具有强烈的感染力。他比我之前见过的任何人都更具说服力、更能鼓舞人心。他的每一句话都充满激情，随着交谈的深入，我也渐渐地被他所描绘的苹果公司的宏伟愿景迷住了。他似乎只有一个想法，那就是要让全世界的人都能用上计算机。他希望，也相信，苹果公司将成为有史以来首屈一指的科技公司。他坚信这一天终将到来，剩下的只是时间问题。

我发现乔布斯非常善于鼓舞人心。仅凭一次尚未涉及任何细节的谈话，他就能让我激动不已，甚至不自觉地身体前倾，坐到了椅子的边缘。这位比我小8岁的年轻人，跟我聊着如何改变世界，而我却对此深信不疑。我之所以坚信他终将改变世界，并非因为他阐述了某些绝妙的计划，而是因为从他的言谈之中，我知道他不达目的是不会罢休的。最有趣的是，他天生就拥有一种通过故事、类比和隐喻表达自己愿景的能力。

当我们面对面坐在沙发上时，乔布斯讲述了他在《科学美国人》（*Scientific American*）杂志上读过的一篇文章，以此来说明他对个人计算机的看法。那篇文章介绍的是一项基于计算地球上不同物种运动效率的研究。研究指出，秃鹰飞行1千米所用的能量最少，也就是说秃鹰飞行1千米的运动效率最高，而人类的运动效率则很低，大约排在运动效率排行榜倒数三分之一的位置。不过，这篇文章的作者很有先见之明，他测试了人类骑自行车的运动效率。结果，人类骑行的效率远远超过了秃鹰，一举登上了运动效率排行榜的榜首。"计算机与此同理，"乔布斯说，"计算机是有史以来人类发明的最杰出的工具，它就相当于我们大脑的自行车。就像自行车能够提升我们的运动效率一样，技术能够挖掘我们智力上的潜力。自从读完那篇文章，个人计算机是人类大脑自行车的想法就一直萦绕在我脑海中，挥之不去。"

第1章 放弃因循守旧之路

在与乔布斯初次见面聊完之后，我就彻底被他说服了。我知道，这个不达目的誓不罢休的年轻企业家将来肯定会做出一些惊人之举，并很有可能彻底改变计算机行业。然而，做出离开惠普公司帮助他实现愿景的决定，对我而言并非易事。当时，惠普公司是世界上规模最大、最具影响力的科技公司之一，岗位竞争十分激烈，入职该公司是无数求职者梦寐以求的事情。而那时的苹果公司还鲜为人知，辞去惠普公司的工作加入这样一家初创公司，无疑是一种冒险之举。并且，我在惠普公司的年薪高达65 000美元，另外还有奖金。同时，我还有望接替汤姆·惠特尼担任工程经理的职位，如果升任此职，我将获得更高的薪水和更多的福利。相比之下，当时除首席执行官一职以外，苹果公司能给出的最高薪水只有40 000美元。乔布斯告诉我，他只想让那些与他有共同愿景的人加入公司，并不想招一些将入职苹果视为赚钱机会的人。

虽然乔布斯承诺会给我一些苹果公司的股票，但薪水确实无法再高了。我不仅要面对25 000美元的减薪，从岗位职责来说，我也将从管理一支庞大的软件工程师团队，变成一个光杆司令。并且，我当时已有家庭，如此大的工作变动将给我的家庭带来巨大风险，究竟是去是留对我而言实在难以抉择。在交谈结束之际，我答应会认真考虑是否加入苹果公司，并尽快给他答复。然而，令我惊讶的是，几天之后，乔布斯突然登门造访，试图再做一次动员工作。这一次，他带来了一台Apple Ⅱ，自豪地将它放在我家厨房的桌子上，然后看着我4岁的儿子克里斯，说道："如果你爸爸愿意为我工作的话，这台电脑就是你的了。"这招也太高了！

克里斯很快迷上了那台Apple Ⅱ，玩起来就舍不得停下。那个周末，我们家的电视都没打开过，因为他一直忙着玩这台又酷又能互动的新玩具。我儿子骑着那辆"大脑自行车"，去了一些我都难以想象一个4岁孩子能够到达的那么广阔的领域！尽管如此，我还是警告他不要太沉迷那台电脑，因为如果我决定拒绝加入苹果公司的话，我必须归还它。一想到这件事，克里斯吓坏了。那个周日的晚上，就在睡前，克里斯用他那双4岁孩子特有的无辜又可怜的眼睛看着我，恳求道："爸爸，你就答应他吧。"

成为苹果公司的第54号员工

当我在考虑究竟是加入乔布斯的团队还是留在惠普公司时，还有一个重要因素对我的决定起了关键性的影响，那就是惠普公司一直以来执行的"曲线68"薪酬制度。根据该制度，每名员工的薪酬都将依据他们"获得第一学位以来的年限"来定。这项制度无疑限制了应届毕业生的薪资水平，而实际上，许多应届毕业生的编程能力已经远超公司许多资深程序员。有意向加入公司的人可能会思考未来几年的发展，也会意识到他们在惠普公司的薪酬增长将取决于他们的工作年限而非个人能力，这一点会大大打击他们的积极性。对于高素质人才来说，这种薪酬制度很难对他们产生吸引力。

当时，我除了在惠普公司任职，还在圣何塞州立大学教授"编译器构造理论与实践"和"语言导向型机器设计"两门课程。教学中的一次经历让我目睹了"曲线68"薪酬制度的弊端。我的学生理查德·佩奇（Richard Page）在仙童半导体公司工作，负责为F8处理器编写微代码。我在课堂上使用了由加州大学伯克利分校的吉姆·莫里斯（Jim Morris）教授设计的理论机器 Algol 目标代码（Algol Object Code, AOC），给学生们布置作业，让他们编写 AOC 代码解释器，以及能够生成 AOC 理论机器代码的编译器。佩奇超越了任务要求,编写出了不仅能够解释 AOC 代码,还能在 F8 处理器上运行的软件。这相当令人震撼。我一直都想招一些比我更聪明的人加入惠普公司,毋庸置疑,佩奇正是这种人。

与此同时,时任 HP 3000 部门经理的埃德·麦克拉肯(Ed McCracken)刚刚为我们团队确定了 10 项关键任务。其中之一就是将 Cobol 编译器的扫描和移动指令转移到微代码中,从而加快执行速度。此项任务并非易事,并且也相当耗时。惠普公司管理层花了 9 个月的时间寻找能够完成这一任务的人,但一直未能找到。直到我带佩奇来公司参加面试,事情才终于有了转机。

惠普公司的几位工程经理一致认为,就算有人能够接手这项任务,最起码也需要 14 个月的时间才能完成。彼时,早已在仙童半导体公司有口皆碑并且收入颇丰的佩奇则向我们保证,他只需要 6 个月就能完成这项任务。这让我很是惊喜,我决定向公司提出在"曲线 68"薪酬制度的基础上每月再给他涨薪 100 美元。然而,令我十分沮丧的是,公司人力资源部门以"超出薪酬制度规定"为由,拒绝了我的提议。

于是,我直接找到公司的人力资源主管肯·科尔曼(Ken Coleman),对他说:"这个项目是麦克拉肯最重视的 10 项关键任务之一,9 个多月以来,我们一直在为这个岗位寻找合适人选!"科尔曼只是看着我,于是我继续说道:"现在我终于找到了一位能在 6 个月而不是 14 个月内完成整个项目的人,你甚至连 100 美元都不愿意给他加吗?"科尔曼耸了耸肩,依然没有说话。"那我只好去找麦克拉肯来推翻你的决定了。"我说。此言一出,终于引起了他的重视。"你不会真那么做吧?"他问。"你大可一试!"我非常生气。虽然科尔曼最终同意了,但这件事原本就不该发生。而且,我知道这种事情在苹果公司是绝不可能发生的。最终,佩奇被惠普公司聘用，后来跟随我去了苹果公司，成为苹果公司的第一位技术研究员。几年之后，他又加入了由乔布斯一手创办的 NeXT 电脑公司。

虽然"曲线 68"薪酬制度确实令人失望，但主要是乔布斯的热情以及他将个人计算机视为"大脑自行车"的愿景，使我决定加入苹果公司。"我拥有的一切都来自别人的贡献，我住的房子、开的车、穿的衣服和吃的食物皆是如此，"当时，他这样对我说，"我想有所回馈。"乔布斯清楚地知道，技术将能够为全人类赋能，使人类生活发生翻天覆地的变化。彼时，我也开始相信这一点。我们都认为，个人计算机不应该只是一种帮助我们实现已经预想到的事物，而应是一种能让我们不断探索、不断创新和创造未来的事物。"当你经营一家公司时，你必须让人们相信你的梦想，"乔布斯告诉我，"这就是为什么我总是努力让人们看到我眼中的未来。"对我而言，他在这方面做得十分到位，因为我完全相信了他所描述的那些宏伟的愿景。而且我知道，凭借我的编程技能，我能够帮他将那些愿景变为现实。于是，在我们初次见面的短短一周后，我就成了苹果公司的第 54 号员工。

第 2 章

应对早期苹果的挑战

MY LIFE
AT
APPLE

我们聘用的是致力于打造世界上最佳产品的人。

——史蒂夫·乔布斯

第 2 章　应对早期苹果的挑战

在同意加入苹果公司后不久，乔布斯便邀请我去丘珀蒂诺会见多名高管，其中包括首席执行官迈克尔·斯科特、联合创始人斯蒂夫·沃兹尼亚克、销售主管吉恩·卡特（Gene Carter）、营销主管菲尔·罗伊鲍尔（Phil Roybal），以及公司的初始投资者迈克·马库拉（Mike Markkula）。马库拉给我留下了深刻的印象，他毕业于南加州大学的工程专业，曾是英特尔公司一位经验丰富的营销经理，他在英特尔公司所持的股票期权使他在年仅33岁时就成为一名百万富翁。由于我所学的专业是计算机科学，因此当发现马库拉也喜欢使用BASIC语言编写代码时，我就知道我们志趣相投。他当时正开始为Apple Ⅱ编写一些原始应用软件，其中包括一款财务规划软件和一款税务规划软件。

马库拉对苹果公司的许多早期员工都十分热心，我也有幸成为其中一员。有一次，他和我分享了对公司组织的看法。他指出，初创科技公司刚开始总是会以工程技术为重点，但当他们意识到仅凭优良的产品无法带来足够的收入时，他们便开始进行组织重组，并侧重于市场营销。再过一段时间之后，他们又发现公司开发不出具有创新性的产品，于是又将精力重新放在工程领域。马库拉说，他认为苹果公司的目标应该是

学习的挑战　My Life at Apple

两手都要抓，两手都要硬。

在我的最后一场面试中，苹果公司的首席执行官斯科特问我，在我眼中，苹果公司面临的两个最大挑战是什么。我回答说，第一个挑战是软件，想要出售操作系统，就要有足够的能力去开发软件，而苹果公司在此方面的能力尚有所欠缺。顺带提一下，机缘巧合之下，6个月之后，我就被提拔为软件部门副总裁。我还指出，第二个巨大挑战是公司的生产制造能力，公司将来一定会面临巨大的市场需求，而我不清楚苹果公司是否具备满足相应市场需求的生产能力。他同意我的看法，并且似乎对我加入苹果公司感到由衷的高兴。

起初，我被聘为苹果公司的第一任新产品总监。乔布斯亲自担任新产品开发副总裁，是我的直接上司。我们一起组建了苹果公司的产品营销团队，负责定义公司将推出的新产品。从1978年10月起，我就开始在苹果公司工作了，但当时我并未收到正式的聘用通知书，这主要是因为乔布斯不善于做文书工作。当我终于在11月6日收到聘用通知书时，我已经在公司努力工作了好几周。

苹果公司
班德利大道10260号
加州丘珀蒂诺96014

亲爱的约翰：

　　苹果公司现以书面形式正式通知您，您已被聘为新产品总监。该职位向新产品开发副总裁直接汇报工作，并负责定义、管理和跟踪特定产品线中的所有新产品。您的职责之一是管理整条Lisa产品线。对此，苹果公司为您提供的薪酬计划如下：

第 2 章　应对早期苹果的挑战

1. 年薪 40 000 美元。
2. 每年 5 000 美元的加薪，6 个月后生效。
3. 根据苹果公司股票期权计划，您有权以每股 3 美元的价格购买 10 000 股公司股票。其中，2 500 股可立即行权，但需经公司董事会批准。
4. 根据对苹果公司有追索权的通知书，公司将出资保证上述期权的行权权益。

作为世界上发展最快的计算机公司，我们欢迎您的加入。

史蒂夫·乔布斯
新产品开发副总裁
1978 年 11 月 6 日

"好到爆"或是"一坨屎"

刚加入苹果公司时，我的任务是评估并采购 Apple Ⅱ 使用的外围设备。我需要和乔布斯一起寻找一些能够为 Apple Ⅱ 产品线增值的第三方供应商，并与他们见面沟通、促成合作。我们前两次与第三方供应商的会面都在原来的苹果大楼班德利 1 号楼。第一次是与一家打印机制造商，第二次是与一家生产调制解调器的公司。在第一次会面时，两位供应商代表穿着合身西装、打着领带来到苹果公司。我将他们带入一间小型会议室，然后，我们坐着等待迟到的乔布斯。当乔布斯终于进来时，所有人都震惊地看着他，因为他光着脚、穿着一件皱巴巴的 T 恤衫和一条双膝有洞的蓝色旧牛仔裤就进来了。

随后，他爬上会议桌，盘腿坐在会议桌正中央。眼前这一幕让我目瞪口呆，因为这样的事情绝对不会发生在惠普公司。乔布斯从两位供应商代表那里接过一台小型热敏打印机，研究了片刻，然后看着他们说："这就是一堆垃圾。"接着，他从桌子上爬下来，神态自若地走出了会议室。整场会面持续时间不到5分钟。我看着那两位代表，只好尴尬地耸了耸肩说："谢谢你们能来。"我将他们送出公司，一边向他们道歉，一边开始对当初加入苹果公司的决定产生怀疑。"我加入的是一家什么样的公司啊？"我想。

当天，我们还安排了与另一家供应商的会面。我暗暗告诉自己，这次我必须做好充分的心理准备，因为我完全不知道乔布斯将会说些什么或者做些什么。这次会议我们要见的是贺氏调制解调器（DC Hayes Modem）的创始人之一贺丹毅（Dennis C. Hayes）。一年前，贺丹毅和搭档代尔·赫斯林顿（Dale Heatherington）因发明了用于个人电脑的调制解调器而在科技行业享有盛誉。两人之中，贺丹毅更具商业头脑，这也正是此次由他独自前来进行商谈的原因。他来了之后，我将他领进会议室，然后一起坐等乔布斯的到来。乔布斯进门之后，再次爬上会议桌，并再一次盘腿坐在会议桌正中央。我依然记得我当时想的是："惨了，悲剧又要重演。"然而，只见他拿起那台闪亮的黑色微型调制解调器 Micro Modem II，研究了大约15秒后，说道："我要100万台。"

贺丹毅激动得差点说不出话来，一脸震惊地看着我。随后，他解释说，他们是一家年轻的公司，几个月前才刚刚成立，暂时还没有能力生产出100万台调制解调器。我告诉他不用担心，我们会想办法解决的。在这次会议之后，我开始明白，在乔布斯的世界里，事情总是非此即彼、非优即劣。要么是"好到爆"，要么是"一坨屎"，没有模糊不清的中间区域。并且，他一眼就能看出哪些设备符合他的标准。最终，苹果公司使用了贺氏公司的调制解调器，并因此取得了巨大的成功。

自那时到后来的许多年里，乔布斯一直保持着同样的着装风格。直到苹果公司首次公开募股，他才开始穿从高档服装店威尔克斯·巴什福德购置的西装和衬衫，最终过渡到他近乎标志性的黑色高领毛衣。但对我来说，可以穿着 Levi's 牌裤子、衬衫和勃肯鞋去工作，还不用系领带，简直就是一种解脱。硅谷企业家和程序员如今的着装风格，正是延续了 20 世纪 70 年代初乔布斯和苹果公司员工们休闲的着装风格，当然，大多数人不会像乔布斯一样不穿鞋子。我们早早就明白一个道理：穿西装打领带并不会让我们变得更加聪明，也无法使公司走向成功。

在苹果公司工作了一星期之后，我已经认识到，与乔布斯共事并跟上如此惊人的创新步伐，是一种挑战。但正因如此，我才满怀激情、欲罢不能，我迫不及待地想看看我们将能给世界带来多大的改变。当我们向 1979 年全速迈进时，公司的发展日新月异。随着公司越来越接近预计的目标，我越来越相信，加入苹果公司的确是我一生之中难得的机会。我甚至没有意识到，我之前数年时间的经历都是在为这份工作奠定基础。不过，从加入公司的第一天起，我就知道，我们将创造出非凡的成果。

急速增长期的挑战

1978 年，马库拉聘请特里普·霍金斯（Trip Hawkins）担任苹果公司的战略和营销总监，并负责制订苹果公司的营销计划。在苹果公司早期的团队中，霍金斯是极为关键的一员，拥有强大深厚的资历。在哈佛大学读本科时，他自创了"战略与应用博弈论"专业。本科毕业之后，他进入斯坦福大学商学院深造，最后加入了苹果公司，成为第 68 号员工。

霍金斯是 Lisa 产品线最初的营销总监，后来却在公司推出 Lisa 计算机之前辞职了。辞职之后，他创办了一家名为电子艺界（Electronic Arts，EA）的公司，主要经营各种电子游戏的开发、出版以及销售业务，如今该公司市值超过 400 亿美元。1979 年初，霍金斯还在苹果公司时，他撰写了一份新的营销计划草案，并分发给公司的关键员工。我认为这份营销计划十分清晰地阐明了苹果公司当时所处的竞争环境，并明确了苹果公司最初的营销目标。该计划内容如下。

1979 年或将成为苹果公司有史以来处境最为艰难的一年。至少有 4 家公司即将进入个人计算机市场。德州仪器公司、雅达利公司和美泰公司（Mattel）都已做出进军个人计算机行业的决定。几家日本公司，尤其是三洋集团、松下公司和东芝集团，都推出了令人惊艳的原型机。康懋达（Commodore）、巴利（Bally）、Cromemco 公司和俄亥俄科学公司（Ohio Scientific）4 家公司将在各个细分市场中分一杯羹，因此我们也将受到影响。自 1978 年以来，成为业界龙头的 Radio Shack 公司大力推广 TRS-80 计算机，以巩固其在市场上的地位，它也将开发出更多新产品，并扩张计算机连锁店的规模。

公司现状

目前，苹果公司的主要优势有：

- 通过开展产品开发、支持服务和市场营销等方面的工作，从产品、支持、营销等方面树立起个人计算机公司的"凯迪拉克"形象。

- 拥有两年以上通过零售渠道分销计算机的经验。
- 生产软盘驱动器的能力要强于业内任何一家公司。

苹果公司的薄弱之处有：
- 现有的 Apple II 无法精确渗透消费者分销渠道。
- 没有足够的应用软件。
- 无法按时完成计划。

1979 年需要完成的目标

1. 在个人组装计算机市场中保持排名第一的形象。
2. 成为教育机构的领先供应商。
3. 在商业市场中树立起苹果公司的品牌形象，并为 Lisa 计算机挖掘潜在的客户群（1980 年年初目标）。
4. 加强媒体对"凯迪拉克"形象的宣传，使其在消费者中保持知名度（1980 年年中目标）。
5. 成为使用软盘驱动的个人计算机的主要供应商。
6. 建立强大的原始设备制造商客户群。
7. 加快采购和开发应用软件的步伐，将精力集中于商业和教育市场。
8. 成为通过独立零售渠道销售计算机的领导者和专家。

每当有人问我苹果公司早期是何种状况时，我常常会说，那段时期公司处于一种急速增长的状态之中。早期的发展速度简直惊人。在公司成立的前 5 年，苹果公司的销售额就达到了 1 亿美元，一举成为美国发展最快的公司。在如此快的发展速度下，全公司上下都全力以赴。为了满足业务增长的要求，我们需要购买足够的办公场地，但有时很难买到，

学习的挑战　　My Life at Apple

甚至即便买下了办公场地，也会遇到难以通过建筑审批等问题。我们还迅速招聘了大量新员工，办公环境可谓是"人挤人"！有一次，办公用地的建筑审批迟迟办不下来，乔布斯十分沮丧，于是他租用了一些活动汽车房，并将它们打造成一间间带有加州牌照的临时办公室。

我们在得克萨斯州卡尔顿（Carlton）建立新工厂时所经历的一切，同样是公司快速增长的力证。公司决定建新工厂后，就立即开始投放招聘工人的广告。到第二周时，我们便开始对应聘者进行面试。第四周，新招聘的工人们便已经开始生产制造 Apple Ⅱ 计算机了。不管对谁来说，这种速度都可谓惊人。

另一个与公司快速增长相关的挑战是，公司的电话很难及时安装到位，这个问题造成的工期延误甚至比办公空间不足更严重。有一次在科罗拉多州，我在会上和十几位美国电话电报公司的高管进行业务方面的沟通，他们在苹果公司的工作进度过慢，无法满足进度需求，于是我当面询问："为什么我们从建一个新工厂到在生产线上制造出 Apple Ⅱ 的时间比你们安装一部电话还快？"虽然我是开玩笑的，但他们对这一事实都心知肚明。在那次会议之后不久，参会的几位高管给我发来了简历，都想从美国电话电报公司跳槽到苹果公司。

向无人探索过的领域前进

苹果公司的飞速成长给我们带来了不小的压力，但也同样令人感到振奋，并营造出一种十分有趣的企业文化。每年，公司都会扩大招聘的规模。不过，公司飞速运转、加班加点的状况以及对员工的高要求并不适合每一个人，这导致了较高的离职率。主要原因是我们在快速扩大公司规模的过程中，招聘了一些与苹果公司持不同价值观、对企业文化持不同期望的人。我们所做之事非常独特，因此无法以单一的价值观来作为公司的价值观，或是简单概括公司的理念。最终，我们总结出公司的价值观和对员工的期望，并以书面形式整理出来。为了确保所有新员工都能理解其中内容，我们还完全修改和更新了公司的新经理入职计划。第一版"苹果公司价值观"包含以下9个关键领域。

1. **与客户/用户共情**：苹果公司提供既满足实际需求又拥有持久价值的优质产品。我们以公平的态度对待竞争对手，以诚恳的态度对待客户和供应商。我们致力于为客户解决问题，绝不会为了利益而置道德和诚信于不顾。

2. **成就/进取**：我们会设定远大的目标，并竭尽全力予以实现。我们认识到如今正处于一个特殊的时代，我们的产品将极大地改变人们的工作和生活方式。这将是一次冒险的征程，我们必须携手共进。

3. **积极的社会贡献**：作为一家企业，不论苹果公司处在哪个社区，我们都希望成为社区的经济资产、智力资产和社会资产。除此之外，我们还希望能凭借自己的努力，让世界变得更美好。我们的产品旨在拓展人类的潜力，摆脱繁重而无聊的工作，帮助人们获得仅凭自身力量无法获得的成就。

4. **创新/愿景**：我们以创新为基础，致力于打造满足客户需要的新产品。为了实现愿景，我们愿意承担风险，在控制我们所追求的利润率的基础上，努力开发领先产品。

5. **个人表现**：我们期望每名员工都能在工作中发挥出超过行业标准的表现，只有这样，公司才能获得足够的利润，并进一步实现其他目标。每名员工都能够并且必须有所作为，因为归根结底，苹果公司的品牌特征和实力优势取决于每一位员工。

6. **团队精神**：团队合作对苹果公司的成功至关重要，由于公司的目标任重道远，任何人都无法仅凭一己之力去完成。我们鼓励每一位员工主动与各级管理人员互动，大胆分享想法和建议，提高苹果公司运作效率和生活品质。只有大家携手共进，才能共创辉煌。所有人互相支持，共同分享胜利和成果，并对所从事的工作充满热情。

7. **质量 / 卓越**：我们关心所做之事。我们注重产品的质量、性能和价值，并以此来获得客户的尊重，提高客户忠诚度。

8. **个人奖励**：我们重视每一位员工为苹果公司做出的杰出贡献，并对绩效表现优秀的员工予以奖金激励。我们也知道，精神上的奖励和物质上的奖励同等重要。我们致力于营造出积极的工作氛围，从而让每一名员工都能感受到在苹果公司工作是具有挑战性并令人振奋的。

9. **良好的管理**：管理者对待员工的态度至关重要。员工应相信主管人员，相信他们拥有诚实正直的人品。管理层有责任创造一个能让苹果公司价值观蓬勃发展的高效环境。

后来，我们又对苹果公司价值观进行了简化，称之为"苹果公司生活品质项目"（Apple Quality of Life Project）。修订后的价值观如下。

- 一人一台计算机。
- 我们野心勃勃，锐意进取。
- 冒险征程，你我同行。
- 我们制造的产品中包含我们的信念。
- 我们旨在给社会带来积极影响，并从中盈利。
- 每名员工都很重要，每人都有机会、有义务发挥重要作用。
- 我们荣辱与共。
- 我们满怀激情！
- 我们富有创造力；我们是行业的领军人。
- 我们希望每个人都能享受这场携手共进的冒险征程。
- 我们关心我们所做之事。
- 我们希望创造出一个能让苹果公司价值观蓬勃发展的环境。

苹果公司人力资源部门的第一任主管就是因为未能充分理解公司的企业文化，才会在工作上出现失误。有一次，他以公务便条的形式通知员工，称即刻起公司执行一项新的规定：只有距离公司超过80千米的新员工，才能享受搬家费用的报销政策。苹果公司位于硅谷的中心地带，距离斯坦福大学不到80千米，而加州大学伯克利分校则在90千米之外，这意味着，我们能够为加州大学伯克利分校的毕业生报销搬家费用，却不能为斯坦福大学的毕业生报销搬家费用。这项规定毫无道理，而且相当荒谬。"你不明白公司运作依靠什么，"我告诉他，"它并不是依靠死板的规章制度，而是在保证良好的人际关系的基础上使公司运作。"他完全不认同我的看法。几周后，他离开了公司。

人力资源部门第二任主管是安·鲍沃斯（Ann Bowers）。她非常聪颖，而且对苹果公司的企业文化和目标理解得十分透彻。鲍沃斯是英特尔公司联合创始人罗伯特·诺伊斯（Robert Noyce）的妻子。英特尔公司是一家总部位于加州圣克拉拉的大型半导体芯片制造商。我最欣赏她的地方是，她对新的行事风格始终持包容态度，而且总是鼓励员工积极反馈。我们曾多次讨论苹果公司需要聘用的人才以及新经理入职的培训流程。在鲍沃斯加入公司之前，我已经自创了一些"创新标语"，旨在以简单明了的方式传达苹果公司的创新文化并激励团队成员。这些标语如下。

- 如果隧道尽头有光，那说明已经有人穿越了隧道。
- 当全世界的其他人都只拥有煤炭时，我们就不要争论到底应选择钻石还是绿宝石了吧。
- 奖励是在旅途中得到的。
- 了解努力和结果之间的区别。
- 去激励，而不是去要求。
- 从不同视角看问题比智商更重要。
- 相信奇迹，但不守株待兔。
- 比起加入"海军"而言，当然还是做"海盗"更有趣。
- 靠创造力去解决问题，而不是靠钱。

令我感到十分高兴的是，鲍沃斯也很欣赏这些标语。我们开始利用这些标语启动一项新的入职计划，这项计划逐渐发展成为如今的"苹果大学"（Apple University），其中主要包括针对新经理开办的为期一周的新员工培训。该项培训的目标是激励他们以不同的方式思考，拒绝因循守旧。多数情况下，新员工会将以前在工作经验中或从雇主身上习得的态度和文化带到苹果公司。对许多人而言，如果他们来自一家以职能部门结构为基础的公司，就会认为苹果公司也是围绕职能部门进行构建的。

第 2 章　应对早期苹果的挑战

如果他们来自一个人力资源部门设有诸多条条框框的公司，就想在苹果公司实施那些条例规定。IBM 的企业文化与苹果公司大相径庭，我们很少招募从 IBM 跳槽的员工，就是因为我们不愿看到僵化的思维模式带来的负面影响。

苹果大学的初衷之一，就是让新员工们认识到我们正在开辟一个新市场，因此他们需要摒弃旧的理念和想法。为了确保所有人都能清楚地认识到这一点，我和鲍沃斯做了种种努力，令人印象最深的是在培训开始时我们所进行的"小互动"。

在新经理培训的第一天，鲍沃斯会穿着三件套西装、打着领带、提着公文包、抱着一摞企业管理类书籍稍微来迟一点。然后，我会当着所有人的面对她说："欢迎来到苹果公司，你的座位在前面。顺便说一下，我们公司的着装要求没那么严格。"当她走到座位前时，她会故意将抱着的那些书掉落到地上。我会上前帮她捡起来并告诉她，在苹果公司她不需要制订任何和之前的公司一样的商业计划，也无须阅读任何企业管理类的书籍，因为这些均与苹果公司的企业文化背道而驰，而且我们前进的方向是无人探索过的领域。

每次这个"小互动"结束后，我都会看到许多新员工悄悄将他们带来的商业计划和管理类书籍藏起来。之后，我会与新员工们分享创新标语。第一堂培训课结束后，他们就会认识到苹果公司的独特之处，并知道想要在苹果公司取得成功就必须善于以不同的方式思考问题。利用创新标语，我们让整个新员工入职流程变得更加顺利平稳，这让我引以为豪。作为苹果大学最初的开办者，我一直感到十分荣幸。

第 3 章

主导苹果软件计划

MY LIFE
AT
APPLE

苹果公司之所以能够成为一家伟大的公司，原因之一在于它最初是用心打造的。

——史蒂夫·乔布斯

第 3 章 主导苹果软件计划

1979年3月，在入职5个月后，我被任命为软件部门副总裁。早期，苹果公司将精力集中在 Apple II 和 Apple III 的硬件和外围设备的开发上，软件领域一直被忽视。在1978年开发 Apple Disk 之前，沃兹尼亚克已经设计并开发了印制电路板、串行通信板、PAL 制式①的 Apple II 和阿拉伯语版本的 Apple II。早些时候，在苹果公司管理层并未参与的情况下，他还与好友约翰·德雷珀（John Draper）在一间私人办公室共同开发了一款名为"查理板"的电话电路板。沃兹尼亚克称："虽然这款电路板功能强大，12年来没有产品能与之比肩，但它从未成为苹果公司的产品，因为苹果公司的一些人不信任德雷珀。"

相比之下，苹果公司的软件产品就较为有限了。苹果公司的投资人兼董事会成员汉克·史密斯（Hank Smith）曾在一张软件价目表的空白处给我写了一行字，用语十分直白："软件少得可怜，祝你好运，快点行动。"的确，苹果公司亟须加强软件开发。阿特·洛克（Art Rock）、亨

---

① PAL 制式，又称帕尔制，在兼容原有黑白电视广播格式的情况下，加入彩色信号，克服了 NTSC 制相位敏感造成色彩失真的缺点，是在综合 NTSC 成就基础上研制出来的一种电视广播制式。——编者注

利·辛格尔顿（Henry Singleton）和唐·瓦伦丁（Don Valentine）等其他外部董事会成员同样认识到了这一点。内部董事会成员乔布斯、马库拉和斯科特也清楚地知道，我在软件领域的丰富经验能给公司带来极大帮助。

步入新岗位后，我的工作重点是制订一个软件计划，该计划需要战略性地整合苹果公司的各种硬件和软件产品。针对 Apple Ⅱ 消费者市场，公司的计划是"越多越好"，即大力鼓励使用过程语言①（如 Pascal、Fortran 等）的软件开发人员为 Apple Ⅱ 和 Apple Ⅲ 开发或移植新的应用程序。而针对尚处于初步发展阶段的 Apple Ⅲ 所在的小型商用市场，苹果公司计划开发一个新的操作系统，并且其文件系统②将能够支持 Pascal 及其他过程语言。公司还计划为企业市场设计一款名为 Lisa 的计算机，但彼时这款计算机只存在于我们的梦想中。Lisa 的开发计划听起来十分简单，但实际上极具挑战性，因为这意味着需要设计一台任何人都能使用的计算机。

在我加入苹果公司之前，乔布斯曾和我聊起过 Lisa。他说他想要设计一款具有革命性意义的计算机，并将 Lisa 作为这款计算机的代号。实际上，苹果公司的许多项目都会公开使用代号，比如 Apple Ⅲ 的代号是 Sara，以其设计师温德尔·桑德（Wendall Sander）女儿的名字命名；还有一个相对鲜有人知的小项目，代号为 Annie；而 Lisa 是以乔布斯女儿的名字命名的，她出生于我加入苹果公司的几个月前。乔布斯并不想让公众知道这一点，我们便对媒体宣称 Lisa 是一个首字母缩写词，代表的含义是"本地软件架构集成"（Locally Integrated Software Architecture）。

---

① 以特定语句或指令序列给出问题求解过程的程序设计语言。——编者注
② 存储、管理、控制、保护计算机系统中持久数据的软件模块。——编者注

该词没有任何意义，但听起来还挺酷。

作为软件部门副总裁，我的首要任务是为 Apple Ⅱ 开发更多软件。Apple Ⅱ 是公司唯一一款已经面市的计算机，且公司所有的收益都来自这款计算机，但它同样面临迫切需要更多应用程序的问题。首先，我需要了解清楚如何才能最大限度地增加应用程序，正如乔布斯以一种更为直白的方式所说的那样，"我希望世界上的每款应用程序都能在 Apple Ⅱ 上运行"。然而，乔布斯并不认可标准化和兼容性的重要性。他认为它们不仅一无是处，还会抑制创造力和创新性。

而我当时的任务，就是保证在 Apple Ⅱ 上能运行所有应用程序。更棘手的是，乔布斯希望我能在圣诞节之前完成！我跟他说："我们无法垄断创造力。"我一直认为仅靠公司内部的努力无法实现如此宏大的目标，我们真正需要的是通过设计一款第三方开发程序，借助他人的创造力，鼓励外部开发人员为 Apple Ⅱ 和 Apple Ⅲ 编写应用程序。他最终也认同这是唯一具有可行性的方法。因此，我获准聘请我的朋友迈克·凯恩（Mike Kane）加入团队，并让他负责这款程序的开发。

寻找"软件英雄"，借助他人的创造力

为了确保这款新程序能够顺利上线，我试图说服来自加州大学伯克利分校和惠普公司的朋友们，邀请他们编写一些具有鲁棒稳定性[①]的应用程序，以此来满足不断增长的个人计算机市场。我联系的第一个人是

[①] 指当一个稳定的系统中的参数或其外部环境发生一定变化时，系统依然保持稳定的能力。——编者注

比尔·巴奇（Bill Budge）。他在加州大学伯克利分校就读时，就购买了一台 Apple Ⅱ，并为它编写了多款游戏程序，其中包括一款很酷的游戏，名为《彭尼街道》（Penny Arcade）。这款游戏是雅达利公司《乒乓》的仿版。我主动联系了他，在得知他仍想要成为一名专业的游戏程序员之后，我非常高兴。我知道，这将是增加 Apple Ⅱ 应用程序的绝佳机会。因为即便在当时那个年代，最畅销的软件应用程序中同样不乏游戏的身影，如今更是如此。因此，每当新的硬件系统被引入时，开发者通常会先开发多款游戏，以快速在市场上站稳脚跟。一旦他们的产品成为市场主流，他们便会利用游戏所取得的成功，进一步引入非游戏应用程序。

我终于成功说服了巴奇，他答应用开发的一些游戏程序与我交换一台 Centronics 公司的打印机。同时，我还向他保证，每台 Apple Ⅱ 的磁盘操作系统上都会有他的游戏。这种模式正是后来微软及许多软件公司所采用的捆绑形式的雏形。我告诉巴奇，这样能让他的游戏被数百万玩家了解，使他成为当之无愧的"软件英雄"。他很喜欢这个想法，于是同意与我达成交易。对巴奇和苹果公司来说，此次合作实现了双赢。随后，他还不断开发出新的工具库和图形库，帮助其他游戏设计师将游戏添加到 Apple Ⅱ 不断扩展的软件库中。

在巴奇和我达成协议后不久，他与我分享了他最新制作的游戏《弹珠台》（Pinball）。我试玩之后觉得非常棒，但玩了一段时间，就觉得有点无聊。于是我告诉巴奇，虽然这款游戏很有趣，但我担心玩家很快就会厌倦这种较为单调的游戏模式。我建议他增加游戏的互动性，例如允许玩家改变旋转器、保险杠和球的数量。他很喜欢我的想法，并立即对游戏进行修改。不久，他便开发出了新版的《弹珠台》（Pinball Construction Kit）。它是第一款玩家能够改变游戏设置的交互式电脑游戏。通过改变游戏设置，玩家每次玩都能获得新的体验。如今，《我的世界》(Minecraft)、《罗布乐思》(Roblox)和《堡垒之夜》(Fortnite)等许多畅销游戏,都具有该功能。然而在当时,由玩家自定义游戏设置还是非常新颖的。正如我所料,后来巴奇的确成为苹果公司的第一个第三方"软件英雄"。

在巴奇不断开发具有强兼容性的游戏的同时,苹果公司也在不断开发其他类型的软件,其中包括 Apple Post、Apple Writer、Dow Jones Portfolio Manager、Shell Games、Apple PLOT 和 Cashier。第一款会计软件 Controller 由科罗拉多州的 Dakin 5 开发,对于苹果公司而言,它是一款极为关键的应用程序。然而,在增加 Apple II 销量方面发挥最重要作用的应用程序是 Visicalc,它是世界上第一款电子表格办公软件。该应用程序的功能十分广泛,给我留下了深刻的印象。因此,我向其开发者丹·布里克林(Dan Bricklin)和丹·弗莱斯特拉(Dan Flystra)各赠送了一台免费的 Apple II。我想尽一切办法让苹果公司的计算机最先安装 Visicalc 软件。因为越来越多的迹象表明,Visicalc 有可能成为一种"数据报"模型,它能够使不是程序员的普通大众,在无须学习过程语言的情况下,利用计算机解决问题。

为了鼓励开发人员为 Apple II 开发更多的应用程序,我们还做了一件事,那就是除了 DOS 和 BASIC,我们还提供了其他编程环境。1979 年夏天,苹果公司与加州大学圣迭戈分校达成了一项许可协议,由此获得了在公司研发的硬件上捆绑销售 Pascal 的权利。作为交换,我们为加州大学圣迭戈分校的学生实验室提供了 40 台 Apple II。这笔交易非常划算,简直令人难以置信,因为苹果公司的顶级程序员之一比尔·阿特金森(Bill Atkinson)正是毕业于加州大学圣迭戈分校。乔布斯聘请的为 Apple II 编写 BASIC 编程手册的产品发行总监杰夫·拉斯金(Jef Raskin)在该校有一些关键的人脉关系,这一点同样促成了此项协议的达成。

有一次，拉斯金和共同参与编写 Pascal 手册的布赖恩·霍华德（Brian Howard）注意到，早期手册中的语法表是错误的。于是，为了更好地理解 Pascal 语言，他们共同创建了一张新的颜色编码的语法表海报。随后，该海报在开发人员中大受欢迎，我经常看到他们将其放在办公桌上。

在与加州大学圣迭戈分校达成关于 Pascal 的许可协议之后，我前往苏黎世拜访了声望极高的"Pascal 之父"——尼古拉斯·沃斯（Niklaus Wirth）教授。能够见到他，我感到荣幸至极。不过更令我激动的是，与他会面之后，他便允许我们在营销时提他的名字。这不仅为苹果公司在第三方程序员中赢得了更高的可信度，并且使我们拥有了 Pascal 的完全访问权限。Pascal 是除 BASIC 之外第一种可用于个人计算机的高级语言。

我甚至说服了沃斯教授在我的 Pascal 海报上签名！乔布斯得知此事后，认为这张海报将成为营销 Apple Pascal 的绝佳宣传工具。于是，他请来一位专业艺术家将其重新绘制成 3D 形式。一如乔布斯一贯的风格，他要求这位艺术家改变海报原本的颜色。但这样一来，以颜色编码的海报就失去了原有的作用。乔布斯并没有将此事告知沃斯，直到修改后的海报印刷了数千张以后，沃斯才得知此事。彼时早已为时已晚，沃斯即便抱怨也于事无补。乔布斯向他保证，虽然新海报失去了原有的作用，但其设计看起来比原始设计更加赏心悦目。这件事情很有力地说明了，在外观和功能之间，乔布斯总是会优先考虑前者。

管理整条 Lisa 产品线，开发革命性计算机

我刚刚加入苹果公司时，公司正在开发的计算机只有两款，即

Apple Ⅱ和Apple Ⅲ。Apple Ⅲ是一款面向小型商用市场的进化型计算机。作为Apple Ⅱ的继任者，Apple Ⅲ需要解决Apple Ⅱ的缺陷，并能运行Apple Ⅱ的所有软件。当时我担任新产品总监，与Apple Ⅲ的开发没有太大关系，但我知道Apple Ⅲ的硬件问题一直存在，这让公司的很多人担心它在发布时可能会出现潜在的严重问题。不过，我没有花过多精力去研究Apple Ⅲ，因为乔布斯从一开始就明确表示，他聘请我是为了研究具有革命性意义的计算机，而非研发进化型计算机。

我最感兴趣并期待参与的项目是Lisa计算机的开发。乔布斯告诉我，Lisa计算机必须成为一款革命性的计算机。他在我的聘用通知书中明确写到，我的职责之一是"管理整条Lisa产品线"。就在我迫不及待地想开始大干一番时，我发现Lisa项目还未开始，甚至连对Lisa计算机的明确定义也没有！Lisa计算机只是乔布斯长期以来的一个想法。不过幸运的是，当我被提拔为软件部门副总裁时，Lisa项目至少已作为苹果公司的正式项目启动，我终于可以开始制定软件策略并定义软件功能了。为了更有效地开展工作，我必须与硬件团队密切合作，以确保这款计算机能够支持运行革命性的软件。

1979年春天，我与乔布斯、霍金斯共同探讨了对Lisa的愿景。我们一致认为，Lisa将会成为一款功能强大、易于操作的计算机，并且能让企业中的"知识型员工"（即办公室工作人员和经理）不借助任何操作手册，就能在开机后的几分钟内知道如何操作这台计算机。当时乔布斯非常喜欢Apple Ⅱ，并对Apple Ⅲ抱有极高的期望，但他仍然觉得，对于技术经验有限的人而言，使用这两款计算机的学习难度过大。那时的计算机还是基于命令行指令的操作系统，启动计算机之后，用户只会看到黑色屏幕和一条闪烁着的等待输入指令的光标，这会让许多潜在用户感到困惑，并产生畏难情绪，从而无法使用计算机。即便是那些知道如何输入正确指令的人，他们能够利用计算机处理的事情依然十分有限。

彼时，苹果公司的另一位联合创始人沃兹尼亚克早已被人们视为硅谷最为优秀、最受尊敬的工程师之一。在完成 Apple Ⅰ 和 Apple Ⅱ 的设计之后，他本应成为 Lisa 的首席设计师，但苹果公司那时尚未部署 Lisa 项目，因此他也无法开展硬件开发工作。而当我加入公司时，他已经接手了其他项目。这意味着，纵然我一直十分期待与沃兹尼亚克合作，但这个机会却与我失之交臂。我只好与惠普前经理肯·罗斯穆勒（Ken Rothmuller）合作，而在加入苹果公司之前我就曾与他共事过。

当时，罗斯穆勒在惠特尼负责的工程部工作，当我了解到他就是"Lisa 硬件"的负责人时，觉得与硬件团队合作应该十分轻松，因为那时候 Lisa 还没有任何硬件。然而，罗斯穆勒对 Lisa 的硬件有着自己的想法，只不过该想法与乔布斯和我的想法不一致。罗斯穆勒对 Lisa 硬件的设想毫无革命性可言，他所设想的 Lisa 更像是增强版的 Apple Ⅲ。他反复强调说，Lisa 应该保留键盘快捷键和功能键。这些功能与许多惠普计算机和终端设备上的功能如出一辙。

老实说，对于革命性的计算机究竟应具备何种硬件和软件，乔布斯和我在当时都没有特别清晰的想法。但我们很清楚，罗斯穆勒的想法与革命性背道而驰。我也十分清楚，如果想要使非程序员轻松操作 Lisa 计算机，那么该款计算机就必须不再使用文本命令行，转而使用更高级的编程语言，并能够运行更加复杂的软件。这意味着，它将需要更大的内存和速度更快的 16 位处理器，来运行资源密集型软件。但罗斯穆勒并不同意这些看法。乔布斯曾多次明确表示，他想要的是一款完全具有革命性的计算机，但罗斯穆勒依然对 Lisa 持传统看法，并为此争论不休。虽然罗斯穆勒一直是一位值得信赖的同事和朋友，但无论我做出何种努力，都无法说服他改变对 Lisa 硬件设计的看法。不过最终负责向乔布斯展示 Lisa 计算机的人是我，我打算按照自己的想法行事。

拥抱革命性计算机的关键技术

1968 年 12 月，备受尊敬的工程师和发明家道格拉斯·恩格尔巴特（Douglas C. Engelbart）准备开展一次公开演讲，他称之为"演示之母"（The Mother of all Demos）。名称或许听起来过于宏大，但恩格尔巴特将要展示的事物当之无愧。在演讲中，他打算向人们介绍一些自己在斯坦福研究院设计的新颖奇特的事物。正当人们满怀期待、焦躁不安之时，恩格尔巴特公布了两项关键性的技术，而这两项技术正是图形用户界面和鼠标的前身。在他演示之前，从未有人见识过这两项极具革命性的技术。

纵然恩格尔巴特的演讲令人大开眼界，但在演讲结束之后，有一些人开始质疑他的发明究竟有何用处。他用来展示这些发明的计算机又大又笨重，以至于在许多人看来，这些发明似乎并不具备实用性。然而，观众中有几位是施乐公司的高管，他们立即意识到了这些发明的潜力。施乐公司成立于 1906 年，但直到那时，它才开始有意识地努力扩大技术研发部门。这几位高管相信，他们刚刚在演讲中看到了计算机未来的模样，他们很想拥有这些技术，还想以恩格尔巴特的发明为基础，创造出更实用的计算机，但这样做需要花费大量的时间和金钱。因此，施乐公司的高管们没有购买技术，也没有获得授权，只是对这些技术进行了复制。

学习的挑战　My Life at Apple

仅在恩格尔巴特发表演讲两年后，施乐公司就已经在他们自己研发的图形用户界面和鼠标上取得了实质性的进展。当时，施乐公司设立了新的研发机构，即施乐帕克研究中心，用来开展研发工作。施乐帕克研究中心的商业模式主要为开发各种创新性的原型机，然后将其授权给大型企业。这意味着，不论是来自哪个行业的公司，但凡想要引领时代潮流，就必定会来施乐帕克研究中心拜访一番。直到1973年，施乐帕克研究中心才终于针对恩格尔巴特的发明，开发出了可行的计算机版本，他们称之为"奥托计算机"。在接下来的6年里，研究中心不断对奥托计算机做出改进，但它还是未能顺利发布。毋庸置疑，相较于恩格尔巴特的早期版本，这款计算机实现了重大的进步。然而，它仍然未能解决恩格尔巴特当初面临的关键难题，即这些计算机都过于昂贵，并不适合个人使用。

1979年秋天，苹果公司软件工程师阿特金森听说了奥托计算机，便去施乐公司参观。所见之物令他感到无比震撼，于是他赶忙跑回苹果公司传播有关奥托计算机的消息。乔布斯听后很感兴趣，立马一个人跑到施乐公司参观奥托计算机。当看到施乐公司在恩格尔巴特的基础上重新设计的图形用户界面和鼠标后，他立马就认识到了奥托计算机的前瞻性。他不禁想：如果苹果公司的工程师能够接触这些技术，那Lisa会变成什么样子？于是，乔布斯决定与施乐公司达成协议，授予他们在苹果公司首次公开募股之前购买公司股票的权利。作为交换，施乐公司必须开诚布公、毫无保留，并单独向Lisa团队的主要成员演示两次奥托计算机的运作。

当时，Lisa尚处于设计阶段，苹果公司的重点项目依然是Apple Ⅱ的改进，因为公司主要依靠Apple Ⅱ盈利。在1979年12月，我和乔布斯、阿特金森、布鲁斯·丹尼尔斯（Bruce Daniels）以及Lisa团队的一些主要成员共同前往施乐帕克研究中心，观看了奥托计算机的演示。我们大受震撼，因为这是我们见过的第一台能够顺利使用图形用户界面和用鼠标进行操作的计算机。即便它体积过于庞大，并不实用，能够运行的应用也十分有限，但我们仍对它充满敬意。正如施乐公司的高管们在10多年前受到"演示之母"的启发一样，如今我们同样受到了启发。于是，我们决定以恩格尔巴特的发明为基础，开发出属于我们自己的革命性版本的图形用户界面和鼠标，并将其应用到 Lisa 计算机上。

回到苹果公司后，一直萦绕在我脑海中的想法是，利用刚刚亲眼见证的事情，能实现何种可能。乔布斯和我都认为图形用户界面将成为未来个人计算机不可或缺的一部分，对此我们展开了多次讨论。我们非常清楚，要使 Lisa 成为革命性的计算机，图形用户界面是必不可少的。我们一致认为，是时候放弃传统的基于文本的命令行操作系统，转向图形操作系统了，这将使用户能以全新的方式操作计算机。在那次访问之后不久，苹果公司向施乐公司支付了10万美元，获得了对奥托计算机技术的无限制使用许可。

随着1980年的到来，我们都知道对于苹果公司而言，这将是重要的一年。在1980年1月的大部分时间里，我都在与乔布斯等人讨论 Lisa 计算机究竟需要哪些软件和硬件。最终，我们决定设计开发自己的图形用户界面，这令我们干劲十足。然而，想要实现这一点，我们还需克服一些挑战。对我而言，最直接的挑战之一就是我必须和 Lisa 的硬件工程师罗斯穆勒共事。他坚持认为 Lisa 需要保留功能键，无视我的反对意见。而当时，乔布斯和我一致认为 Lisa 必须使用图形用户界面，并放弃那些我们认为已经过时的功能。罗斯穆勒可能是无法理解，也可能只是不愿接受。总之，他的态度使我不得不自行寻找硬件方面的其他支持。如果 Lisa 计算机的操作系统和应用程序十分出色，但仅仅由于硬件无法支持其功能，导致它成为一款失败的计算机，这种情况我无法接受。

我甚至能够想象到乔布斯盘着腿坐在会议桌上，在检查完 Lisa 计算机之后，说它是"一堆垃圾"的画面。我决不允许这种事情发生。但与罗斯穆勒共事实在令人丧气。我知道，如果他坚持己见，早晚有一天会被解雇的，我并不希望看到这样的结果。乔布斯一直想让我辞退罗斯穆勒，但即便我想这么做，也无能为力。因为我是软件部门的副总裁，而 Lisa 的硬件团队成员并不在我的管理范围之内。罗斯穆勒的直接上司是汤姆·惠特尼。惠特尼认为罗斯穆勒是硬件团队中的关键成员，不想失去他。总而言之，当时罗斯穆勒和我只好各自保留不同意见。

在开发 Lisa 计算机的早期阶段，我们面临的另一个挑战是，为 Lisa 找到能够支持其图形用户界面的处理器。我想起在 1979 年 9 月，摩托罗拉公司的半导体部门宣布即将推出摩托罗拉 68000，这是第一款实现批量生产的 16/32 位微处理器。仅在 6 个月前，该公司推出了经典的 16 位微处理器，而新微处理器的性能是原微处理器的 2 倍。据称，新的微处理器既能支持高分辨率位图图像的显示，又能支持 Lisa 操作系统中所需的交互式用户界面的运行。仿佛是命运的安排，抑或是奇迹般的巧合，在我们访问施乐帕克研究中心后，摩托罗拉公司没过多久便推出了 68000 微处理器。

事情的进展虽然十分顺利，但也并非没有波折，对我们来说，最大的问题在于成本。摩托罗拉 68000 非常昂贵，而乔布斯最讨厌的事情莫过于为任何事物支付超出其价值的费用。因此我必须向他说明，要想让 Lisa 成为我们心目中理想的未来计算机，这种特殊的芯片是必不可少的。我列出了能想到的种种理由，直到我告诉他，该处理器能够支持虚拟内存，并且日立集团将成为第二供应商时，他才答应购买这款处理器。自加入苹果公司以来，那是我第一次对 Lisa 需要的硬件和软件，以及在开发之前需要完成的任务有清晰明确的认识。

乔布斯背后的真正掌权人

每当谈及苹果公司的领导者时，大多数人首先会自然地想到乔布斯。人们并没有意识到，作为联合创始人之一的乔布斯虽然一直活跃在公司的领导层，但严格来讲，他并不是苹果公司的最高领导者。直到1997年，也就是公司成立20多年之后，乔布斯才回到苹果公司担任首席执行官一职。而在我加入苹果公司时，正式出任首席执行官的是迈克尔·斯科特。那时，苹果公司发展速度十分之快，而乔布斯太过年轻并且商业经验非常有限，于是董事会一致认为，公司需要有一位客观冷静的"当家人"来把持局面。苹果公司的另一位联合创始人沃兹尼亚克虽然年龄更大也更成熟，但董事会从未认真考虑过让他出任首席执行官，因为他的志趣一直都是创造新事物，而非管理公司。最终董事会成员马库拉决定亲自出马，将斯科特招进苹果公司，担任公司的第一任首席执行官。

那时候，领导层的安排可能会显得有点尴尬，因为乔布斯不仅是苹果的联合创始人，而且极具魅力，台前形象代言人是他，幕后公司主导者还是他。在许多员工眼里，乔布斯就是苹果公司真正的"老板"，他所给出的产品决策就是最终决定。虽然大家都喜爱并尊重斯科特，但他总是显得过于安静和缄默，似乎永远都在乔布斯光环的笼罩之下。1980年2月1日星期五，即公司推出 Apple III 三个月前，斯科特突然下定决心，做了一项好像是一夜之间就想好的重大决定，让我们所有人都大跌眼镜。他突然认识到，员工们需要更深入地了解其他企业是如何将 Apple III 作为文字处理器的，同时，苹果公司还应以身作则，率先在公司内部推广文字处理器的应用。因此，那天早上，他针对全体员工发布了一份如今看来很糟糕的通知。

敬告全体员工

日期：1980年2月1日
致：采购部门和全体员工
来自：迈克尔·斯科特
主题：文字处理器

  从即日起，公司内部不允许再购买、租赁文字处理器！
  苹果公司是一家创新公司。我们必须坚信我们能够在所有领域都处于领先地位，并以实际行动证明这一点。如果文字处理能够以如此简洁的方式完成，那就让我们从公司内部开始推广起来吧！
  目标：1981年1月1日之后，苹果公司不再使用任何文字处理器（肯[①]，赶紧扔掉你的DEC文字处理器）。
  加分项：放弃使用文字处理器，转而使用Apple II的Apple Writer Systems来进行文字处理的员工，将享有高性能新系统的优先使用权。而能够证明可以不使用文字处理器并上交打印机的员工，将获得带有键盘或苹果装置的最新款Qume设备。
  文字处理器已经过时了。在试图说服客户之前，我们必须在公司内部证明这一点。

  抄送：高层管理人员及所有使用文字处理器的员工

[①] 即肯·罗斯穆勒。——编者注

第 3 章 主导苹果软件计划

换言之，从那时起，苹果公司开始要求内部员工使用自家推出的产品和服务。然而在当时，不论企业规模如何，文字处理器都是绝对的必需品。1980 年，美国可能没有任何一家公司能够不需要文字处理器也能开展工作，而对于一家飞速发展的公司而言，这更是天方夜谭。我们所有人都立即意识到，斯科特突然开始掌权将会给公司带来极大影响。考虑到 Apple Ⅲ 仍然存在硬件问题，而 Lisa 的开发还需 3 年时间，这种影响只会更加严重。

第 4 章

打开企业办公市场

MY LIFE
AT
APPLE

我最擅长的就是发现一批天才，然后和他们一起创造事物。

——史蒂夫·乔布斯

第 4 章　打开企业办公市场

　　20 世纪 80 年代初，苹果公司已经设计开发并出售了许多新产品，但 Apple Ⅱ 依然是一款热销产品，尤其是当时该款计算机还安装了备受欢迎的 VisiCalc 电子表格软件。此前尚不存在能够在个人计算机上运行的电子表格软件，而 VisiCalc 能够在 Apple Ⅱ 上运行，无疑给整个行业带来了极大的改变。

　　在此之前，人们通常认为 Apple Ⅱ 之类的微型计算机是针对计算机爱好者和游戏玩家的有趣发明，而在 VisiCalc 出现之后，微型计算机开始受到商业人士的关注。Apple Ⅱ 连续 6 年成为世界上最畅销的一款个人计算机，销量不仅远超 Apple Ⅲ、Lisa 和基于 Windows 终端的个人计算机，甚至超越了 Macintosh 最初几年的销量。

　　我们最终向应用程序开发人员证明了，仅凭一款应用程序也可以极大地提高某款计算机的销量。后来，在成为 Macintosh 搭载的第一款关键应用程序 PageMaker 的早期投资人之后，我再次见证了这一点，它也帮助 Macintosh 销量大增。

永远用创新而非用钱来解决问题

随着苹果公司决定在后续开发的计算机中全都使用图形用户界面，Lisa 进入了开发阶段，目标是为苹果公司打开企业办公市场。同时，公司还计划通过实现以下 3 个目标，将 Apple Ⅲ 作为关键产品推向小型商用市场。

1. 提供一个真正的打字机式键盘，上面能够显示大小写字母及 80 个字符。

2. 满足美国联邦通信委员会对商用计算机的要求。

3. 采用新的操作系统和文件系统以引入更多高级语言。

乔布斯原本计划在 10 个月之内完成 Apple Ⅲ 的研发，但是整个开发过程屡屡出现问题，最终该项目的开发足足花了两年的时间。1980 年 5 月 19 日，在加州阿纳海姆（Anaheim）举行的美国国家计算机展会（National Computer Conference，NCC）上，苹果公司终于向全世界推出了 Apple Ⅲ。那是苹果公司第一次参加 NCC，从某种意义上说，这是一件好事。因为计算机领域的人士会在展会上寻找能够引领未来方向的爆款计算机，而我们在 NCC 上首次正式推出的 Apple Ⅲ 正是这样一款计算机。

作为 NCC 的新人，我们也遇到了一些问题，其中包括偏僻的展会位置。通常来说，此类展会是通过参展的年限来安排展位的。这意味着，公司参展年数越久，展位位置就越优越。IBM 多年来一直是 NCC 的主力军,因此其展位被安排在最前面、最中间的位置。人们只要踏入展厅,一眼就能看到面前的"蓝色巨人"。苹果公司由于是第一次参展,展位位置十分糟糕,它甚至都不在主楼展厅,而是在主楼附近的一栋辅楼里,很多观展人员甚至都不知道这栋辅楼的存在。

我们事先就想到,展会上不利的位置安排将会严重影响我们接触客户。鉴于此,我、乔布斯以及其他几位高管不得不开会讨论,如何才能让更多人看到我们的展位。我们提出了许多方案,但大部分方案都价格很高。突然,我想到为苹果大学创作的"创新标语"。于是我指出,我们需要用创新而不是用钱来解决问题。

在一次头脑风暴会议中,我想起父亲曾就职的伯恩斯电子公司,这家公司经常租下迪士尼乐园一整晚,让员工尽情玩耍。于是我向乔布斯提议,我们也可以采取类似的做法。比如,租迪士尼乐园一整晚,为参展人士提供免费门票,并将领取门票的地图发布在《美国国家计算机展会日报》(*NCC Daily Comdex*)上。我们可以在地图上以箭头为指示,引领观展人员沿着箭头方向走,使其从主楼入口出发,绕过 IBM 展位,穿过展会大厅,走出主楼,到达我们设于辅楼的展位。乔布斯喜欢这个方案,事实证明该方案的效果令人满意。最后,来我们展位观展的人数反而超过了许多设于主楼展厅的展位。就连惠普公司的总裁约翰·杨(John Young)也找到了我们的展位,并为家人领取了迪士尼乐园的免费门票!

公司原计划在 Apple Ⅲ 推出 2 个月后开始向客户发货,但由于生产问题和内部矛盾频出,公司在 9 月才开始发货。到最终交付时,Apple Ⅲ 又出现了各种各样的问题,导致这款计算机未能获得预想中的成功。其中一个问题在于,尽管 Apple Ⅲ 推出已有数月,但只有 3 款软件程序能在 Apple Ⅲ 上运行。此外,硬件的连接器也有问题,可能会导致主板过热，从而使计算机出现故障。在装配过程中，还有14 000台计算机需要返工，这极大地影响了交货时间，也成为成功路上的一大障碍。最终，Apple Ⅲ于1984年4月正式停产，仅售出了12万台。如今，人们都将Apple Ⅲ视为苹果公司第一款失败产品。

就在Apple Ⅲ问题频出的这段时间里，Apple Ⅱ仍然十分畅销，而Lisa的开发也在不断取得进展。其实，除了这3款计算机之外，苹果公司还有一款鲜有人知的计算机，当时该款计算机尚处于研究阶段。在1979年到1980年，杰夫·拉斯金和他的小团队一直在努力设计一款低成本的计算机。他希望苹果公司的领导层能重视起他的项目，为他提供更多资源。但是，该项目进展过于缓慢，甚至在设计阶段时，就曾数次差点被叫停。每当快被叫停时，拉斯金就会向斯科特和马库拉极力申辩，让命悬一线的项目转危为安。后来，我意识到大多数人对拉斯金的项目知之甚少，是因为该项目就像我刚刚加入公司时的Lisa项目一样，还只是一个想法。

1980年夏天，我有幸见到了西摩·派珀特（Seymour Papert）。他早先是一位在教育领域倡导建构主义运动的先驱，而后又成为人工智能领域的先驱。我在麻省理工学院遇到了他，彼时，Lisa尚处于软件设计的早期阶段，他将"LOGO编程语言"作为礼物，送给了我年仅6岁的儿子克里斯。"LOGO编程语言"可以通过计算机编程手段，来提升儿童思考问题和解决问题的能力。我向克里斯介绍了"LOGO编程语言"，并展示了如何通过指定四个角的坐标，来绘制一个矩形。看完后，他无动于衷，问了我一句："我直接画不就好了吗？"我并不是说我们后来在设计LisaDraw的绘图程序时受到了克里斯的启发，但他的想法的确与我们不谋而合。

为了完成开发应用程序的目标，我联系了3位惠普公司的前同事弗雷德·吉本斯（Fred Gibbons）、贾妮尔·韦德克（Janelle Vedke）和约翰·佩奇（John Page），并建议他们成立自己的应用软件公司。我告诉他们，相较于为900台HP 3000小型计算机编写软件，还是为100万台Apple Ⅱ编写应用程序更加赚钱。这番话很有说服力，不久，他们3人就一起离开了惠普公司，并共同创立了软件发行公司（Software Publishing Company，SPC）。该公司是一家专门针对新兴个人计算机市场的应用程序发行公司。

没过多久，SPC就开发出多款应用程序，其中包括专为Apple Ⅱ设计的个人文件系统（Personal Filing System）。这是一款办公套件，其中包括文字处理器、电子表格、报告编写器和商业图形软件。对计算机新用户而言，这些应用程序极易上手，因此它们销量颇佳。虽然苹果公司从未涉足创业孵化业务，但正是由于我们与SPC之间有着大量的业务往来，该公司仅用了几年的时间就迅速成长为全球第九大微型计算机软件公司。

让公司飞速增长的秘诀

1980年9月，我从波士顿的美国数字设备公司（DEC）招来一位优秀的工程师，让他担任苹果公司的工程经理，他就是韦恩·罗辛（Wayne Rosing）。此次招聘可能是我在整个软件部门副总裁的任职期间最为出色、最为关键的一次招聘。实际上，罗辛从未应聘过苹果公司的这份工作。只不过我听说，DEC管理层突然叫停了他的"个人DEC"项目，导致他对公司的安排十分不满。得知此事之后，我知道这将是说服他加入苹果公司的最佳机会。于是，我出其不意地给他打了一通电话，电话接通后，我故意吊他胃口："你根本无法相信苹果公司正在开发的项目，我甚至不能在电话里向你详述。"这番话成功引起了他的兴趣。当他来公司参观、看到我们在 Lisa 项目和图形用户界面上取得的进展时，"天哪！"他惊讶得嘴巴都合不上了，当下就同意加入我们公司，并成为 Lisa 项目的工程经理。

后来，我第一次从苹果公司离职以后，罗辛接替了我的总经理职位。再后来，他加入了太阳微系统公司（Sun Microsystems，简称 Sun 公司），之后成为谷歌公司的第一任工程副总裁。我认为，自己在挖掘才华横溢的工程师这方面，眼光挺不错。苹果公司之所以能够取得成功，不仅是因为乔布斯担任我们的领导者，还有一个关键因素，那就是我们有幸招募到了大量非常有才华的人。1980 年 9 月底，苹果公司成立的第 4 年，我们的销售额就突破了 1 亿美元大关。而到了第 5 年的时候，苹果公司已成为有史以来成长最为迅速的公司。同时，苹果公司每月的软件销售额达到了 100 万美元，在当时，这是很少有人实现的，对我而言更是职业生涯中的一个里程碑。取得如此骄人的成绩，我的整个团队都功不可没。令我感到无比荣幸的是，苹果公司还专门为我颁发了一块青铜奖牌。该奖牌嵌在一个木钟里，上面刻有这样一段话。

约翰·库奇，软件英雄：

　　比微处理器速度更快，比公司目标更能鼓舞人心，能够轻松将代码变成软件。你的辛勤付出和远见卓识，使我们的软件月销售额首次突破 100 万美元。

苹果公司
1980 年 9 月

第 4 章 打开企业办公市场

苹果公司上市

苹果公司于 1980 年 12 月 12 日上市。在首次公开募股中，公司以每股 22 美元的价格出售了 460 万股股票。到 2018 年底，该股票的价格已经上涨了 10 倍。

在首次公开募股后，苹果公司的全体员工都欣喜若狂，许多人甚至摇身一变成了百万富翁。当年我随乔布斯加入苹果公司的高风险之举，如今带来了丰厚的回报。在短期获益（继续留在惠普公司享受高薪待遇）和长期获益（接受苹果股票期权）之间，无疑后者才是更佳选择。

首次公开募股后几天，与我们合作的投资银行高盛集团为苹果公司的一众高管举办了一场晚宴。就在觥筹交错、推杯换盏之际，我们一时兴起，决定集体参加即将开始的"越湾长跑"，以此来增进感情。

"越湾长跑"是一场全程约 10 千米的跑步比赛，要从旧金山的东边一直跑到西边。这场比赛最有趣的一点在于，许多人都会穿着奇装异服参加，有的人会装扮成龙、女巫或者各种卡通人物，甚至还有选择裸奔的！

晚宴后的第二天，乔布斯和我在洛斯加托斯（Los Gatos）的山上开始训练，为参加比赛做准备。看来，我们前一天晚上为增进感情所许下的承诺并非酒后戏言！但是，在比赛当天，只有我和首席财务官乔·格拉齐亚诺（Joe Graziano）参加了比赛。对我来说，最难忘的时刻莫过于我一鼓作气冲刺到终点跑赢了他！

学习的挑战　My Life at Apple

新技术改变认知

截至 1981 年 1 月,我父母多年来一直共同经营一家家族企业,我母亲是一家女性健康俱乐部的特许经营人。多年来,我父亲一直抱怨健康俱乐部的会员资格管理十分困难,因为他不知道每位会员的会员资格何时到期。并且他也无法查清这些会员是通过何种渠道知道俱乐部的,不知道他们究竟是通过别人推荐、广告,还是得益于我母亲的推广。

有一次我问他,是否考虑过在计算机上创建一个应用程序,来跟踪整理此类事务。他像看疯子一样地看着我,摇了摇头。父亲解释说,他没有时间坐下来学习如何编程,此外,他知道的关于计算机的唯一一点,就是它们对于初学者来说过于复杂。他的话很在理。因为当时还没有出现像 VisiCalc 这样的软件,而计算机新手在打开计算机时,唯一能看到的就是一块有着白色文本行的黑色屏幕。用户需要输入命令才能使用计算机,而对于当时的大多数人来说,这些命令无异于胡言乱语的外星文。

我告诉父亲,我可以创建一个应用程序来帮他处理这些事情,这样他就可以轻松地跟踪管理俱乐部的大小事项。于是我们驱车前往当地一家现已停业的电子产品零售商 Radio Shack,买了一台基本款的 TRS-80 台式微型计算机。人们常常将这款计算机戏称为"垃圾-80"。1977 年,Radio Shack 就推出了这款通用型号的计算机,它的售价比 Apple Ⅱ 便宜。虽然它的功能并不强大,但用它编写一个简单的应用程序也足够了。我们将这台计算机买回了家,在客厅拆包装时,突然,一只巨大的蟑螂从包装盒里跑出来,把我母亲吓坏了。我们正打算继续将计算机从包装盒里抬出来,我母亲生气地大喝道:"没门儿!赶紧将那台垃圾给我从客厅里搬出去!"看来,这款计算机被称为"垃圾-80"也不是没有理由的。

第 4 章 打开企业办公市场

最后,我和父亲不得不将这台"垃圾"搬到了车库。我在车库给他编写了一个简单的应用程序,它可以跟踪整理俱乐部的会员资格。刚开始,一切看起来都很顺利。然而,此后每次回家休假,我都不得不跑到车库去对程序进行修改,增添一些父亲需要的新功能。对我而言,这是非常简单的事情,但对于非程序员的父亲母亲来说,程序的修改十分复杂,他们不知道如何修改。我意识到,父亲需要一种无须依赖复杂的、面向过程的语言,就能够定义数据以及处理数据之间的关系的程序。我不禁想到,图形用户界面和 VisiCalc 这类的应用程序将给人们带来多么重大的影响。当时 Lisa 计算机用户图形界面的开发尚未完成,不过 VisiCalc 已经面世了。于是我帮父亲安装了 VisiCalc,他很快就学会了如何操作。从此番经历中不难看出,当时人们迫切需要易于使用的应用程序。

可惜的是,我给父亲提供的帮助还是晚了些,因为几个月之后,他们经营的健康俱乐部破产了。不过好消息是,父亲已经学会利用 VisiCalc 处理各种事务,成了一名计算机爱好者。当时,他对计算机产生了浓厚的兴趣,甚至决定在附近的购物中心开一家自己的计算机零售店。于是,我向公司的董事会成员马库拉询问,我的父亲能否在他的商店里销售苹果公司的产品。在征得马库拉的同意之后,父亲开了一家名叫"计算机王国"的零售店,生意还挺不错。想到几个月前,父亲还认为计算机过于复杂,而采取"敬而远之"的态度,事情的转折可谓令人惊喜。

"计算机王国"开张那天,乔布斯和沃兹尼亚克乘坐一辆黑色豪华轿车前来参加开业典礼,此后,母亲总是对此津津乐道。据她回忆,当他们下车时,乔布斯拍了拍口袋,看着她说:"我和沃兹都没有钱。你能帮我们给司机一些小费吗?"他说的"没钱"当然是在开玩笑,因为在几个月前的苹果公司首次公开募股之后，他们的净资产就超过了4亿美元！乔布斯还很喜欢我母亲汽车的定制车牌，因为上面刻着"BuyApple"（购买苹果）。这是一个打广告的好主意。

"黑色星期三"大裁员

在斯科特向全体员工发出"不再使用文字处理器"的通知一年后，他又开始了新动作。1981年2月25日上午9点左右，他将部分员工逐一喊到他的办公室。苹果公司首次公开募股所带来的喜悦在每个人心头还未散去，一切似乎都进展得十分顺利，然而斯科特显然不这么认为。截止到上午10点30分，他已经解雇了30多名公司员工，其中包括半数Apple Ⅱ和Apple Ⅲ的工程师，甚至包括他们的经理。对于大多数员工而言，那天上午的时间显得漫长又痛苦，因为没人知道下一个遭殃的会是谁。

作为软件部门副总裁，我并不在此次大规模解雇的目标之列，但我非常担心此举将对公司的企业文化造成严重的负面影响。乔布斯当时正全身心投入他的项目中，无暇他顾。而沃兹尼亚克在两周之前遭遇了一次飞机事故，尚处于恢复期，身体依然十分虚弱。那天，在上午11点左右，斯科特向在大规模解雇中幸存下来的员工发送了一条信息，要求他们中午去塔可大厦（Taco Towers）参加会议。在会议上，他说他认为许多员工开始变得"过于自满"，因此他不得不采取一定的措施来扭转这种情况。那天正好是星期三，人们便将苹果公司那个黑暗的日子称为"黑色星期三"。

第 4 章 打开企业办公市场

苹果公司设计团队的一位杰出成员安迪·赫兹菲尔德（Andy Herzfeld）曾注意到，在"黑色星期三"之前，斯科特曾针对大裁员一事征求马库拉和其他董事会成员的意见。但是，他未收到任何人的回复，于是他决定按照自己的意思去办。董事会得知此事之后大为震怒。对于马库拉来说尤为如此，因为当初是他决定将斯科特聘为公司首席执行官的。然而，斯科特并未因此而遭到解雇。从斯科特后来所采取的一系列重整举措来看，躲过此劫无疑让他更加胆大妄为。"黑色星期三"过去还不到两星期，斯科特又认为整个苹果公司的组织结构需要重组，于是他亲自设计并实施了公司有史以来最大规模的组织变革。

第 5 章

个人计算市场的角逐

MY LIFE
AT
APPLE

我想凭直觉、凭真心去打造真正具有价值的优质工具。

——史蒂夫·乔布斯

第 5 章 个人计算市场的角逐

"黑色星期三"令我们所有人感到震惊，对工程师而言尤为如此。苹果公司的组织架构一直以专门的职能部门为基础，包括硬件部门、软件部门、营销部门、销售部门、财务部门及运营和制造部门。在公司早期的时候，制造部门和工程部门的团队之间小矛盾、小摩擦不断，但大规模裁员事件和 Apple III 所面临的种种困境，导致两个部门之间产生了更大的分歧。随着分歧愈加严重，工程副总裁惠特尼决定撂挑子前往欧洲度假，这使得斯科特不得不在两个部门之间扮演协调者的角色，而双方团队都将 Apple III 迟迟不能赶上原定进度的责任归咎于对方。

对于惠特尼"撂挑子"之举，斯科特很是不满。为了缓和部门之间的分歧和矛盾，斯科特于 1981 年 3 月召集公司高管人员开会，称他将在会上发布一项"重大公告"。彼时"黑色星期三"的大裁员刚过去不到一个月，我们不知道他接下来要采取什么举措，大家都忐忑不安。许多人以为他还要继续裁员，然而斯科特此次的动作更大。

斯科特似乎一拍脑门就做出了决定，他突然单方面宣布重组苹果公司的组织结构。他告诉我们："从现在开始，我们公司将不再按照职能部门进行划分，而是基于产品来划分部门。"这一措施势必会将给公司带来巨大的变化，而我们毫无心理准备。"从现在起，一位总经理必须把控一整条产品线，负责该产品的开发、营销、工程和试生产等全部事宜。"我们面面相觑，不知应该对此番突如其来的"重磅炸弹"作何反应。斯科特此举不仅给苹果公司的产品开发、营销、销售和生产等工作带来了根本性的改变，而且对新部门也产生了巨大的影响，因为每个新部门的总经理人选由他亲自任命。

经斯科特安排，吉恩·卡特负责"个人计算机系统"部门，其中包括 Apple Ⅱ 和 Apple Ⅲ 两条产品线；汤姆·维纳德（Tom Vernard）负责"外围设备"部门，包括打印机、磁盘驱动器和鼠标等；卡尔·卡尔森（Carl Carlson）负责"运营和大批量生产"部门；而我则是"Lisa 计算机个人办公系统"部门的总经理和副总裁。或许，在斯科特的此次整改中，最令人震惊的莫过于他给乔布斯安排了一个新的职位——"董事长"。此举实际上是明升暗降，因为如此一来，乔布斯将不再负责任何产品线，这令他极为不满。

Lisa 的命运被改写

在斯科特对公司进行重组之后，我从软件部门副总裁晋升为负责整个 Lisa 产品线的总经理。会后，乔布斯找到斯科特，说他想负责 Lisa 项目。但斯科特认为乔布斯尚不具备管理和运营整个部门的能力，拒绝了他的要求。乔布斯随后又找到卡特和马库拉，向他们提出相同请求，然而他们二人都支持斯科特的决定，即由我负责 Lisa 项目。对此，乔布斯极为失望，我则喜忧参半。一方面，新岗位赋予我的职责令我干劲十足；而另一方面，我也知道，作为富有创造力和远见卓识的公司创始人，乔布斯更有能力使 Lisa 计算机获得成功。于是，我提出可否借鉴之前新产品团队的运作模式，让乔布斯管理 Lisa 产品线，我担任部门的二把手，团队的其他成员直接向我汇报工作，但此项提议也遭到了否决。

我时常会想，如果当初斯科特同意让乔布斯负责 Lisa 计算机，并让我担任二把手，那么 Lisa 和 Macintosh 这两款计算机的命运会不会有所不同。Lisa 在后期没能得到足够的重视和资源，倘若该产品线由乔布斯负责，这种局面是否会有所改善？乔布斯会不会放弃"个人办公系统"，而将全部精力集中于开发一款针对消费者的计算机，并以此来取代 Apple Ⅱ？Lisa 是否会成为一款全世界畅销的计算机？多年来，我发现自己仍对此耿耿于怀。但最终我还是与自己达成了和解，事已至此，多想无益。或许苹果公司所需要的，正是通过这种方式将大量新概念引入个人计算机世界。

在斯科特对公司架构进行大规模重组之后，我们得知此次重组和之前的"黑色星期三"大裁员一样，是斯科特心血来潮的个人决定，并未获得董事会的许可。马库拉十分生气，这一次他终于忍无可忍。他罢免了斯科特的首席执行官一职，让他担任没有实权的"副董事长"，马库拉亲自接任临时首席执行官的职位。几个月后，斯科特辞职了。

此事过后，乔布斯也不再试图说服马库拉让他负责 Lisa 产品线，虽然他仍一心想开发一款革命性的苹果计算机，但也极不情愿地接受了这款计算机不会是 Lisa 的事实。于是，他开始四处搜寻其他项目。最终，他注意到了拉斯金和他的发行团队两年以来一直试图启动的神秘低成本项目。虽然该项目还没有打造出计算机，但拉斯金给它起了一个非常酷的名字——Macintosh。

学习的挑战　My Life at Apple

是什么促使了 Macintosh 的诞生

　　苹果公司于 1978 年 1 月聘用拉斯金，要求他创建一个发行部门，负责编写和发行苹果计算机的用户手册。然而，拉斯金的抱负不止于编写用户手册，他还想要设计和开发计算机。他毫不掩饰自己的雄心壮志。作为他的直属上司，马库拉答应让他设计开发计算机，只是要求拉斯金每周向他汇报项目进展。刚开始，拉斯金将他即将推出的计算机称为"Macintosh"。但过了很多年，该款计算机还仅仅是一个概念，并未取得多少实质性的进展。最近，我和马库聊到他第一次看到拉斯金所展示的 Macintosh 的感受，他回忆道："那只是个硬纸板模型。它虽然集成了键盘和屏幕，但没有鼠标和触控板。"

　　乔布斯联系到拉斯金时，Macintosh 依然只是一个模型，与马库拉第一次所见没有太大区别。在拉斯金召开 Macintosh 的项目会议时，乔布斯不请自来，但他觉得会上所见之物不过尔尔。不久后，乔布斯决定亲自负责 Macintosh 的开发，于是他开始利用自己公司创始人的身份，将拉斯金挤出自己一手创办的项目。接管 Macintosh 项目后，乔布斯立即开始重新设计这款计算机。与 Lisa 旨在成为面向企业市场的革命性计算机类似，乔布斯将 Macintosh 定义为一款面向消费者市场的革命性计算机。

　　此次，乔布斯并没有从零开始，而是决定利用 Lisa 项目中的一些好想法来加快进度。同时，他还减少了 Lisa 计算机的一些造价昂贵的功能，以更好地满足个人计算机的需要。他甚至向新团队宣称，Macintosh 将成为"更实惠、更易于使用的消费者版本的 Lisa"。我很喜欢这种说法，因为我们的目标是两个不同的市场，所以我并不认为我们之间存在着商业竞争关系。并且，如果 Lisa 的应用程序能够在 Macintosh 上顺利运行，那么用户不论是在家中使用 Macintosh，还是在工作中使用 Lisa，都可以使用相同的应用程序。对于苹果公司而言，这无疑是一个很好的策略。

虽然媒体大肆谈论乔布斯是如何被"踢出 Lisa 团队"，又是如何在开发 Macintosh 时"怀恨在心"的，但事实并非如此。虽然乔布斯不再直接参与 Lisa 的开发，但我们都拥有共同的愿景，保持一致的战略方向。作为苹果公司的联合创始人、新产品副总裁，甚至是董事长，他一直发挥着极为重要的作用。毋庸置疑，乔布斯对无法全权负责 Lisa 项目感到很失望，但我从未觉得他对我或者我的团队怀恨在心。在两款计算机的整个开发过程中，我们之间常常交流并分享信息和资源，我甚至还将 Lisa 团队中经验丰富的程序员调到 Macintosh 团队。当然，两组团队之间竞争的激烈程度也是不言自明的。

Lisa 和 Macintosh 的较量

1981 年 4 月 20 日，乔布斯和我私下打了个赌。当时，我所负责的 Lisa 项目正处于开发中期，而乔布斯负责的 Macintosh 项目尚处于起始阶段。我们以 5 000 美元作为赌注（后来我们改为输家请客吃饭），看谁负责的计算机能够先发货。打赌的想法不是一时兴起，而是因为一件事情：有一次我们在聊天的时候，谈起应如何进一步激励各自团队的成员。苹果公司有着大量好胜心强的 Alpha 型人格[①]者，我们想到，如果以打

[①] 指在社交环境中表现出领导力和控制力的人格特质。具有这种特质的个体通常被认为是自信、果断的，并且乐于承担责任。——编者注

赌的方式让两个团队的成员互较高下，一定能使他们干劲十足。如此一来，即便时间紧迫，他们也一定会尽全力在期限内完成开发工作。

该计划效果很好，从某种程度上说甚至有点好过头了。对待这场友谊赛，Macintosh 的团队成员显然要比 Lisa 的团队成员认真得多。对于 Macintosh 团队的成员来说，这场赌局变成了"让我们用黑客技术和汇编编码特长，来打败 Lisa 团队中那帮使用高级语言、拿着计算机科学硕士学位的家伙"，于是他们开始全力加速向前推动进度。

突然之间，我发现原本提供给 Lisa 项目的重要资源，转到了 Macintosh 项目上。最糟糕的是，我的几个主要团队成员被乔布斯挖了过去，乔布斯说服他们离开我的 Lisa 团队，加入他的 Macintosh 团队。当时，我处境艰难。但乔布斯既是创始人之一，也是苹果公司的代言人，我对彼时的境况也无能为力。

不过令我高兴的是，最终 Lisa 的发货时间确实比 Macintosh 早了整整一年，因此乔布斯为我的 Lisa 团队举办了一场精彩的庆祝派对，还带来了一块写着 5 000 美元的巨大支票牌。

后来，随着乔布斯的 Macintosh 团队在开发方面不断取得进展，他意识到他们不必构建开发环境，只需利用 Lisa 的开发环境，用高级语言进行编码即可。如此一来，他就可以直接去市场购买应用程序，而不必像我们团队那样，为 Lisa 从零开始创建应用程序。正是这种想法，最终导致他与比尔·盖茨达成了一项无人不知的"世纪交易"，引发了两家企业持续数十年的竞争。到那时为止，苹果公司一直以来只存在内部竞争。然而，这一状况即将发生改变。

欢迎新对手 IBM

随着 Lisa 和 Macintosh 这两款计算机的加速开发，媒体开始听到关于苹果公司正在研发几款"革命性计算机"的传闻，但他们没能获得足够实质性的信息来展开报道。直到 1981 年秋季，他们才终于有料可曝，因为 IBM 公司突然成为苹果公司最大的竞争对手。

IBM 公司作为人们口中的"蓝色巨人"，多年以来一直是大型计算机业务中的龙头企业。那时，IBM 也开始决定进军个人计算机市场。因此，他们大张旗鼓地发布了 IBM PC。该款计算机使用的是开放系统，允许用户使用第三方组件替换计算机内部和外部组件，前提是此类组件能够与之兼容。乔布斯购买了一台 IBM PC 并对其性能进行了测试。在仔细查看了硬件和软件之后，他一如既往地保持他特有的风格，称这款计算机是"一堆垃圾"。

此话没错。因为不论是从部件还是整体质量而言，IBM PC 都远远比不上 Lisa，这也让我松了一口气。但这一刻标志着一场长达数十年的争论就此开始，即究竟是可定制的开放式系统（如 IBM PC）更好，还是更可靠的封闭式系统（如 Macintosh）更好。这场争论延续至今，而且不仅仅是硬件方面。在软件方面，Windows 操作系统和 MacOS 操作系统究竟孰优孰劣，手机上的 Android 系统和 iOS 系统究竟高下如何，同样有着类似的争论。实际上，对于何种类型的系统更好，没有统一的答案。因为，这个问题最终取决于用户更看重哪一点，是客制化还是可靠性。

在 IBM 推出个人计算机之前，几乎没有能与苹果竞争的企业。然而，IBM 是一个家喻户晓的品牌，这迫使我们不得不采取行动。自推出

学习的挑战　My Life at Apple

IBM PC之后，IBM公司就一直在商业类杂志和报纸上为该款计算机做宣传。我们担心，许多企业可能会仅仅因为IBM拥有更高的品牌知名度而选择他们的计算机。大型计算机界甚至有一句广为流传的说法："选择IBM，工作有保障！"尽管顾虑重重，乔布斯依然对IBM公司进军个人计算机市场感到兴奋。因为他认识到，在此之前，个人计算机市场一直未曾得到人们的认可及认真对待，而IBM的加入无疑证实了该市场的存在。当IBM公司的宣传势头正旺时，乔布斯在《华尔街日报》上刊登了一整版的广告，内容如下。

诚挚欢迎IBM。

欢迎来到自35年前计算机革命开始以来，最激动人心也最重要的市场。

祝贺你们推出第一款个人计算机。

你们让人们真正学会使用计算机，改善了人们工作、思考、学习、交流和娱乐的方式。

应用计算机的能力正在迅速成为一项与读写能力同等重要的基本技能。

在开发第一款个人计算机系统时，我们估计，一旦人们意识到计算机所带来的种种好处，全世界1.4亿以上的人都愿意购买计算机。

我们预计，仅明年一年时间，将有超过100万人能够认识到计算机的优势。而在接下来的10年中，个人计算机的发展将呈对数式飞跃。

在将此项技术推向全世界的巨大努力中，我们期待与你们展开友好竞争。

同时，你们的付出，我们有目共睹。

第 5 章 个人计算市场的角逐

> 如今，我们所做之事，是通过提高个人生产力来增加社会财富。
>
> 任重道远，欢迎加入。
>
> 苹果公司

这则以退为进、言辞巧妙的广告自然而然地引起了商界的注意。商界人士开始意识到，除了 IBM 公司的计算机产品之外，苹果公司的计算机产品也是一个不错的选择。乔布斯认为，IBM 公司进入个人计算机市场的意义重大，因为此举能让我们将自己定位成反叛者和海盗，而将 IBM 公司定位成传统的海军。众所周知，做海盗可比加入海军有趣多了！后来在很长一段时间里，乔布斯都反复将苹果公司比作海盗，甚至一度在 Macintosh 办公大楼上方挂了一面海盗旗。

在《华尔街日报》刊登那则广告的几年后，苹果公司宣传的重心开始有所转移，从商业市场转向了 Macintosh 的大众目标市场。我们在超级碗[1]上投放了一则如今尽人皆知的广告，并以此为契机开展了一系列精彩的广告宣传。该广告名为《为什么 1984 不会变成〈1984〉》，并通过视频广告将 IBM 公司定位成人民的敌人。在乔治·奥威尔（George Orwell）的反乌托邦小说《1984》中，独裁者利用技术来达到控制人们的目的，而苹果公司的广告正是以这本小说为基础。该视频以暗淡的灰白色为基调，刚开始出现的是一个巨大的屏幕，"老大哥"（代表 IBM 公司）的脸覆盖了整个屏幕，他正在居高临下地对着一群被洗过脑的工具人大谈特谈"思想统一"。随后，一个衣着鲜艳的女人（代表苹果公司）在警方的追赶之下冲进房间，只见她抡起手中的大锤，砸向屏幕，摧毁了"老大哥"。多年以来，我们一直将苹果公司定位在 IBM 公司的对立

---

[1] NFL 职业橄榄球大联盟的年度冠军赛，是多年来美国收视率最高的节目。——编者注

面。虽然这则广告旨在推出 Macintosh，但仍不失为苹果公司宣传定位的一个优秀案例。而且，事实证明，其效果极佳。

"Lisa 技术"彻底颠覆计算机史

我从软件部门副总裁升职到总经理之后，拥有了对 Lisa 项目的完全控制权，也就是说，不论是软件还是硬件都将由我做主。罗斯穆勒过去一直以来都是 Lisa 硬件技术的负责人，一夜之间，他的直属上司从惠特尼变成了我。罗斯穆勒依然坚持认为 Lisa 需要的是由苹果公司自行开发的位片式 16 位微处理器，而不是我和乔布斯已经决定使用的摩托罗拉 68000。他还坚持主张 Lisa 应该使用传统的功能键，而不应采用图形用户界面。换言之，罗斯穆勒从未认可过乔布斯和我对 Lisa 的愿景及所付出的努力。

最终，乔布斯忍无可忍。他打电话跟我说，罗斯穆勒太过于固执己见，让人非常不快。他坚持要我解雇罗斯穆勒。我将乔布斯的话转达给惠特尼，并告诉他，如果罗斯穆勒依然如此顽固，那么我将不得不做出解雇决定。然而，就连惠特尼也无法说服罗斯穆勒。罗斯穆勒骨子里是一个骄傲的人，有着传统的思维方式。但在苹果公司这样一家飞速发展的公司里，传统往往会被视为不够创新。对此，我深表遗憾，不得不解雇罗斯穆勒。那天，我失去了一位工作努力的员工、一位挚友。但事已至此，别无他法。苹果公司这趟列车正在全速前进，任何不愿上车或是无法上车的人，都将被抛下。

罗斯穆勒离开以后，我招了一些经理。他们与乔布斯和我有着共同的愿景，希望能将 Lisa 打造成一款拥有图形用户界面和鼠标驱动的计算机。在硬件方面，团队中的核心成员包括我的得力助手韦恩·罗辛、罗辛的得力助手肯·奥金（Ken Okin）、丹·史密斯（Dan Smith）、罗伯特·帕拉托（Robert Paratore）和比尔·德雷斯尔豪斯（Bill Dresselhaus）。我还从 IDEO 设计工作室挖来一支专攻设计的小团队。在软件方面，团队中的核心成员包括负责应用程序的布鲁斯·丹尼尔斯，负责系统软件的拉里·特斯勒（Larry Tesler）、比尔·阿特金森、安迪·赫特菲尔德（Andy Hertfield）、史蒂夫·卡普斯（Steve Capps）和克里斯·富兰克林（Chris Franklin）。我从计算机工程方面处于领先地位的大学招来许多计算机科学家，还从计算机界最顶尖的公司里挖来不少人，其中大部分来自惠普公司和施乐帕克研究中心。另外，我还专门从小型计算机行业招来一批专攻操作系统的人。刚开始，苹果公司的办公场地设于丘珀蒂诺市史蒂文森溪谷大道（Stevens Creek Boulevard）的塔可大厦。没过多久，该办公场地就无法满足苹果公司的需要，于是我们搬到了场地更大的班德利 5 号楼。正是在那里，我们完成了 Lisa 计算机的开发。

新团队成立后，便开始将对 Lisa 的愿景转化为清晰明确的细节。自从乔布斯和我在施乐帕克研究中心见过图形用户界面之后，我们就一直想在 Lisa 计算机上实现这个功能。我们也讨论了 Lisa 还需要添加的一些其他应用程序，使终端用户能够以"剪切和粘贴"的形式实现数据在不同应用程序之间的移动。我花了很长的时间去实现这个目标。在升任总经理之前，我写了一篇关于数据报的文章。从根本上来说，这篇文章为苹果公司的软件开发制定了战略方向。该文章将当前普遍使用的过程语言与应用程序进行了比较，而只有后者才能使非程序员在应用程序之间实现信息共享。例如，软件必须用高级语言（如 Pascal）编写，而非像 Apple II 那样用汇编语言编写。同时，计算机的环境必须能使用户在无须经过文件系统的情况下，轻松实现应用程序之间的数据移动。想要实现这种环境，就必须使用一款强大的处理器，这就是我和理查德·佩奇最后拼尽全力拿下摩托罗拉 68000 的原因。虽然这篇文章时隔一年才发表，但在当时，对于 Lisa 的图形用户界面功能设计而言，其中的理念已经给我带去了诸多灵感，同时也给我们团队在软件方面的努力指明了方向。

在 Lisa 的开发过程中，我们有机会通过接入 68000 网络工作站，以传统的普通界面单独推出一款计算机。如果当时那样做了，那么一定会引起巨大反响，因为彼时大多数个人计算机不是 16 位的。那个在 Lisa 开发过程中计划推出的计算机 Lucy 甚至获得了一个绰号："低端版 Lisa"。说实在的，Lucy 是一款采用 Unix 系统的功能强大的计算机，我们本能够以 5 000 美元的价格大量售出，尤其是出售给大学。但 Unix 系统没有文件保护机制，如果不能保护用户的文件，那么 Lucy 进入市场也只是纸上空谈而已。更重要的一点在于，我们一直致力于将 Lisa 打造成一款彻底改变个人信息处理方式的计算机，而 Lucy 与我们对 Lisa 所持的愿景并不一致。因此，最终我们放弃了推出 Lucy 的想法，将全部精力重新集中到 Lisa 的开发上。

在整个开发过程中，我坚持要求团队将终端用户的需求谨记于心，确保 Lisa 能够广泛地被人们接受。在做任何重大决策之前，我们都会进行讨论并证实其有效性。我们经常邀请真实用户参与测试，并根据他们对计算机的反馈进行可用性调整。每当 Lisa 有了新的改变，我就会邀请苹果公司内部员工参与测试。在不进行任何指导的情况下，他们需要自己摸索如何使用 Lisa。如果他们能在 15 分钟之内完成，那么我们就知道这一新的方案可行。而如果他们不能在短时间内顺利完成操作，那么我们就会重新设计。

第 5 章　个人计算市场的角逐

有一次，我向美国银行总裁山姆·阿米科斯特（Sam Armicost）展示 Lisa。他中途打断了我，打电话给他的妻子，说："我想给你看一台史无前例的计算机，你一定会使用它。快点来我办公室吧！"这的确是一个令人鼓舞的开始。人们之前从未使用过这样的计算机。它既有鼠标等硬件的创新，也有图形用户界面等软件的创新。这种将革命性的硬件和软件有机结合在一起，并使之实现协同合作的技术，被称为"Lisa 技术"。

第 6 章

Lisa 开发的三重挑战

我们将一切希望都寄托在 Lisa 技术上。

——史蒂夫·乔布斯

第 6 章　Lisa 开发的三重挑战

不论是在硬件还是在软件方面，Lisa 技术都是史无前例的。在硬件方面，它将摩托罗拉 68000 作为中央处理器，主频为 5MHz；1MB 的内存可以升级到 2MB，还比 Macintosh 的内存整整大了 8 倍；它还拥有容量为 5MB 的硬盘。这种配置可以使其能存储大型数据文件，并将更多的应用程序存储在索尼软盘驱动器而非软盘上。它还能够通过 TCP/IP 协议，将文件服务器和 Oracle 服务器进行连接。

在 Lisa 的各种硬件中，鼠标是极其重要的。有了鼠标，用户通过简单的移动和点击，就能轻松实现文档之间的切换。然而，当时我们并不确定人们多久之后才会放弃文本编辑器，转而接受鼠标。

彼时，除了计算机迷之外，鼠标尚不为外界人士所知。即便在业内人士中，大部分人也往往将其视为一种有趣的游戏设备，而非一种革命性的工具。许多人坚称，没有人愿意把手从键盘上移开，去使用一个傻傻的小鼠标。

与我们设计的图形用户界面一样，最终版本的鼠标也与我们在施乐公司的奥托计算机上看到的完全不同。光标的移动十分流畅，反应极为灵敏。我们不断设计、改进鼠标的形状和大小，直到它能最大限度地贴合人们的手掌。我们的最终目标是，让计算机用户能够完全专注于自己的工作，甚至忘记自己是在使用鼠标。

在 Lisa 的整个设计过程中，工程团队和营销团队之间有时会产生分歧。令我印象最为深刻的一次争论是关于"用户究竟会更喜欢单键鼠标还是多键鼠标"。这场争论在我看来荒谬无比、毫无意义。因为我们开发的计算机将给人们带来极为深远的影响，只要能够提高生产力，他们乐意使用任何一种鼠标。于是，我对他们说："当全世界的人都只拥有煤炭时，我们就不要争论到底应选择钻石还是绿宝石了吧。"最后，考虑到苹果公司向来注重产品的简约性，我们选择了单键鼠标。

虽然计算机历来都会配置键盘，但 Lisa 键盘的设计是独一无二的。该款键盘有很多有意思的功能，其中一项是有一系列小型下拉式帮助卡，上面有操作说明。如此一来，用户就无须查阅厚重的用户手册。键盘上还安装了空白卡，用户可以在上面自由地做笔记。Lisa 的键盘还有一项独特功能，即它能够自动识别用户的输入语言，并自动将诊断信息翻译成用户使用的语言。

对于 Lisa 计算机，我们还做了一个关键决定，那就是使用翼形螺钉，而放弃使用螺丝刀的传统螺钉。Lisa 的背板也是可拆卸的，可以使用户轻松查看内部组件。迄今为止，Lisa 是唯一一款具有开放式硬件系统的苹果计算机。包括 Macintosh 在内的所有苹果计算机采用的都是封闭式系统，用户无法自行升级单个内部组件。我们希望用户能够尽可能轻易地对计算机进行拆卸和升级，这也是苹果公司始终追求简约性的又一例证。

Lisa 脱颖而出的关键

我知道，Lisa 之所以能够从其他计算机中脱颖而出，最重要的原因是它的图形用户界面。我们一直想要制造一款帮助用户同时处理多项任务，且极易上手、易于使用的计算机。然而，我们也认识到，对于任何革命性的事物而言，想要让主流用户接受并非易事。人们会自然而然地选择熟悉而非陌生的事物，这是人类的天性。正因如此，我们试图将 Lisa 的图形用户界面设计成一个真实办公场景的数字版本，给人们一种熟悉感。为了实现这一点，我们构建了一个简单的文件管理系统，使计算机桌面看起来像一个真正的桌面。

在这个数字桌面上，我们希望用户不仅能够同时查看多个应用程序，通过轻击鼠标来拖放数据，还可以使用虚拟剪贴板在不同的应用程序之间复制、编辑和粘贴数据。在设计不同的应用程序时，我们希望它们有统一的外观和感觉，在为用户提供新体验的同时，营造一种非常重要的熟悉感。因此，我们使用"桌面""文件""文件夹"等词语，而非计算机术语，希望用户能够通过单击、拖动代表文件和文件夹的桌面图标来实现操作。就像在现实世界的办公室里一样，用户能够轻松地打开、存放、移动、重命名和处理文件。

我们将第一次尝试创建的数字桌面界面称为"Filer"。用户启动 Lisa 计算机之后，该软件会先询问用户一系列问题，以明确他们想要完成的任务，然后计算机将会自动开启任务所需的相关功能。虽然该软件十分独特而且功能强大，但我们的工程团队仍不满足于此，希望使其更加易于使用。然而，这样做面临着一些阻力。当时，营销主管担心，我们如果继续改进 Filer，将不得不推迟 Lisa 的发布日期。可是，阿特金森和其他的团队成员决意要让 Lisa 拥有一个新界面，他们决定联手实现这一目标。仅仅用了一个周末的时间，他们就创建了"桌面管理器"。这是一个既可以作为文件管理器，又可以作为程序管理器的全新界面。当他们在研发后的第二天进行展示时，我们全都惊讶得张大了嘴巴，立刻就知道最佳界面非此莫属了。

打造人们闻所未闻的用户体验

在 Lisa 的开发接近尾声时，它所包含的开创性软件数量可谓惊人。彼时，对于计算机用户而言，最重要的是程序而非文档。因为，他们必须知道需要打开哪个程序，然后在该程序中创建合适的文档。然而，这些流程常常令他们感到困惑。

在 Lisa 的设计过程中，我们意识到，当用户能够将精力集中于直接处理文档时，他们工作时将会更加轻松。也就是说，程序必须只是一种工具。于是，我们将 Lisa 软件设计成以文档为中心。这一变化看似很小，却使效率有了极大的提升。显然，该变化也给后来计算机的设计带来了一定的影响，现在，我们都是以类似的方式处理任务。如今，人们点击一个文档时，计算机会自动选择合适的程序将其打开，使人们可以直接开始办公。

Lisa 还具有超前的低功耗的特点。彼时，人们在不用计算机时需要关机，再次使用时又必须重新开机，并且开机、关机的过程十分缓慢。然而，Lisa 的电源按钮依赖软件而非硬件，所以开机、关机的速度很快。这样不仅可以省电，还可以保存和恢复之前的会话，其中包括用户首选项、打开的应用程序和文档等。

Lisa 的弹出式错误信息特别具有创新性，因为与今天那些带有晦涩难懂的文本，如"系统错误 45256"等错误信息不同，Lisa 的弹出框用简单的英语就详细总结了问题，并告诉用户确切的解决方法。它们还提供了一种方式，让用户随时运行诊断模式，我们称之为"服务模式"。我们甚至在 Lisa 中提供了让用户自定义设置和功能的能力，以适应他们的个性化需求，以及一个"偏好设置"模块，用户可以调整显示器的对比度，调暗屏幕，并打开屏幕隐私功能。

Lisa 是为办公市场设计的，这意味着安全性将是用户非常关心的问题，所以我们花了很多时间创造方法来提高加密技术。除了一般的密码保护外，我们还进一步增加了独特的功能，包括受保护的内存和极端的复制保护，这些功能在其他任何计算机上都未曾有过。为了实现这一点，我们确保每台 Lisa 的主板上都有一个独特的、固定的序列号编码。在其上购买的任何软件都将被锁定到那台特定的机器上，从而完全消除了二手软件的转售。今天的数字版权管理，也是将软件链接到某个账户或硬件上，成为那个系统的直接衍生品。还有文档特定的密码保护，这是许多操作系统至今仍然没有提供的一个功能!

Lisa 的图形用户界面使命令行操作系统看起来像是石器时代的遗物。Lisa 不仅是第一款拥有图形用户界面和鼠标的商用计算机，而且它推出的许多新功能在经过时间的考验后，被人们沿用至今。毋庸置疑，窗口、菜单和图标的使用，令计算机的设计发生了翻天覆地的变化。同时，我们引入的其他事物，也对后来计算机技术的发展产生了重要影响。例如，微软公司的办公套件 Microsoft Office，正是以 Lisa 的办公套件 Office Suite 为原型；而苹果电脑的 Finder 程序，也正是以 Lisa 的桌面管理器为原型。

归根结底，Lisa 技术将硬件创新和软件创新结合起来，使之实现协同合作，其目的只有一个：使计算机操作对用户而言更加友好和容易。我相信我们做到了这一点，我为我的团队感到无比自豪。因为，我们通过 Lisa 向全世界推出了一些人们在此之前闻所未闻，甚至认为是天方夜谭的技术。与此同时，我们也认识到，创新之路从来都是一条布满荆棘的道路。对于任何产品的设计和开发，制造商唯一能百分之百确定的事情就是他们将会面临重大挑战，而革命性的产品更是如此。毫不例外，我们在开发 Lisa 计算机时也经历了诸多坎坷。除了日常需要解决的问题之外，我们还面临着三大挑战：Twiggy 驱动器、价格和创新困境。

技术开发中的三重挑战

我们面临的最大挑战之一是一款苹果公司定制的 5.25 英寸 Twiggy 双面软盘驱动器。乔布斯看好 Twiggy 驱动器，并计划将其用于 Lisa 和 Macintosh。当时，我担心苹果公司并不具备开发驱动器的经验和专业能力。因为我知道，任何一个组件出问题都将摧毁一款原本可以十分完美的计算机。我对此很担心，但我的意见被否决了。最终在发货时，Lisa 计算机上使用了两个 Twiggy 驱动器。如我所料，Lisa 在推出之后，Twiggy 驱动器带来了灾难性的后果。用户发现这款计算机运行缓慢且经常卡顿，有时甚至完全无法工作。这类事件引发的最大问题在于，当计算机的某个部件出现故障时，用户们不会认为是单个部件出了问题，他们往往会认为是整台计算机有问题。从普通用户口中，你很难听到"这个软盘驱动器简直是个垃圾"这样的话。他们更有可能会说："这台计算机简直是个垃圾！"甚至可能还会有人想要就此编上一句话："Lisa 定律——只要一个部件出故障，整台计算机都无法运行！"

关于 Twiggy 驱动器故障的频繁投诉令我十分难过，尤其是在推出 Lisa 之前，我就已经预料到采用这款驱动器可能存在问题，这更令我追悔莫及。最终，我们用更为可靠的驱动器取代了 Twiggy，然而彼时 Lisa 的声誉已经遭受了重大打击，人们都认为这款计算机不可靠。与此同时，乔布斯看到了 Twiggy 对 Lisa 的销量和声誉所造成的负面影响，于是开始疯狂寻找解决问题的方法。他这样做，不仅是为了挽救 Lisa，同样也是为了 Macintosh。因为按计划，公司将在 Lisa 发布后的一年之内推出 Macintosh，而那时 Macintosh 使用的也是 Twiggy 驱动器。有些人试图说服乔布斯，让他放弃 Twiggy 驱动器，直接寻找合适的第三方驱动器。但是，乔布斯认为，苹果公司已经在开发驱动器上投入了大量的资金，现在决定弃之不用，还为时尚早。他觉得，在 Macintosh 发布之前，公司的硬件团队肯定能够及时开发出新的驱动器，而 Macintosh 的发布也绝不会因此而推迟。

在乔布斯要求硬件团队尽快修复 Twiggy 驱动器时，索尼公司发布了一款新的 3.5 英寸软盘驱动器。Macintosh 的硬件经理意识到这款驱动器的潜力。于是他悄悄飞往日本，去了索尼公司的总部。他计划与索尼公司的工程师会面，并与他们共同研究如何才能让这款新驱动器在 Macintosh 上顺利运行。在乔布斯不知情的情况下，这样做当然是有风险的。但彼时 Macintosh 发布在即，时间紧迫，他必须有所行动。哪怕只是将索尼公司的驱动器作为备用方案，也好过到时候两手空空、毫无准备。

就在那次日本之行后不久，索尼公司的工程师就出现在了苹果公司。

他们试图将索尼的 3.5 英寸软盘驱动器和 Macintosh 之间建立起连接。然而，在尚不能确定这款驱动器能否为 Macintosh 所用之前，Macintosh 的硬件团队似乎无意向乔布斯汇报此事。当时，他们对此事守口如瓶。据说，每当乔布斯踏入苹果公司办公大楼时，索尼公司的工程师就会立马集体钻进柜子里躲起来！不论这些传闻是真是假，此事的确为员工们提供了不少茶余饭后的有趣谈资。

在这款驱动器和 Macintosh 之间成功建立起连接之后，双方工程师立马向乔布斯做了展示。虽然乔布斯更愿意使用公司内部开发的硬件，但与 Twiggy 相比，索尼公司的这款驱动器不仅体积更小、更具吸引力，而且更加可靠。这给他留下了深刻的印象，于是他同意在 Macintosh 中使用索尼的驱动器。如果当初 Lisa 计算机也能够使用这款驱动器，我们也就无须面对 Twiggy 带来的困境了。

在发布之前，Lisa 面临的第二大挑战是价格。我们事先就知道，为了收回开发时投入的高额费用，Lisa 的定价将会高于普通计算机。然而我们不知道的是，公司决定以高达 10 000 美元的价格推出这款计算机。该价格远远超过了苹果公司发布的任何产品，这使 Lisa 成了世界上有史以来最昂贵的个人计算机。1983 年的 10 000 美元相当于 2020 年的约 26 000 美元，这竟然是一台计算机的价格！如此高昂的价格让绝大多数潜在买家无力购买。在推出 Lisa 之后所开展的研究表明，Lisa 之所以未能在市场上获得成功，价格过于昂贵是最主要原因。

在开发的早期阶段，Lisa 还出现了一个严重问题，即消息泄露。我记得早在 1982 年夏天，乔布斯就对 Lisa 的图形用户界面感到兴奋不已。他有时甚至无法抑制住自己的激动心情，在 Lisa 尚未召开新品发布会之前，就忍不住向媒体透风。正如我常说的，这艘奇怪的船，漏洞竟在顶

第 6 章　Lisa 开发的三重挑战

部！虽然早期开发时的消息泄露给我们带来了很大的苦恼，但其痛苦程度却远远不及 1982 年下半年 Lisa 临近发布时发生的事情。

当时，乔布斯依然会与媒体谈论起 Lisa，然而他采取的方式让我很难认可。每当接受采访时，他在提及 Lisa 的同时，都会提到苹果公司正在开发的第二款与之类似的计算机。他指出，该款计算机不仅拥有与 Lisa 一样的图形用户界面和鼠标，而且更为诱人的是，它的售价仅为 Lisa 的四分之一！在我看来，相较于 Lisa 的消息泄露而言，关于 Macintosh 的消息泄露才真正给 Lisa 的推出造成了致命性的打击，最终导致其未能在市场上获得成功。很明显，人们如果稍微等久一点，就能以 2 500 美元的价格购买到与 Lisa 功能相同的计算机，那还会有谁愿意现在花 10 000 美元来购买 Lisa 呢？这艘漏洞在顶部的奇怪船只，甚至还未来得及离开码头，就开始沉没！

Lisa 面临的最后一个严峻挑战是，发布时没有足够的软件应用程序可用，我将此困境称为"创新困境"。Apple Ⅱ 之所以大获成功，其中一个关键策略在于它能够依赖第三方软件。回想起来，当我还是公司的软件部门副总裁时，我的主要目标之一正是努力实现乔布斯的愿景——"让世界上的每个应用程序都能在 Apple Ⅱ 上运行"。我知道，开放式系统是实现此目标的唯一途径。这种策略行之有效，因为很多开发人员都能用汇编代码编写程序。后来，公司为 Apple Ⅱ 提供 Pascal 和 Fortran 两种语言环境，Apple Ⅱ 第三方开发人员经过努力，为 Apple Ⅱ 开发了丰富的应用程序。

然而，Lisa 的操作系统和图形用户界面是用 Pascal 编写的，并且，由于图形用户界面在当时十分新颖，所以除了我们团队的成员以外，其他人几乎不知道如何在该环境中编程。于是，我们发现自己陷入一个十分复杂的境地。我们不仅需要为程序员提供可靠的应用程序编程接口，并且在此之前，我们自己还需要学习如何在图形用户界面环境中进行开发。

　　Lisa 创新的步伐如此之大，让我们陷入了一种创新困境。这种困境严重限制了能够在 Lisa 上运行的第三方应用程序的数量。如果客户购买了一台计算机，发现其应用程序没有预装、无处购买，甚至无法自行创建，那无疑是极其荒谬的。因此，公司内部开发人员必须尽快完成 Lisa 所有初始应用程序的开发，同时我们还必须为第三方开发人员设计出应用程序编程接口。当时 Lisa 并没有相应的软件编写指南和工具，一切都要从头开始。后来 Macintosh 团队没有遇到这个问题。因为他们可以在 Lisa 上编写他们自己的应用程序，然后下载下来，并将其放到 Macintosh 上运行。

　　虽然时间紧迫，但我们最终还是成功创建了"Lisa 办公系统"。该捆绑式的办公套件由 7 个关键应用程序组成：LisaWrite、LisaCalc、LisaDraw、LisaGraph、LisaProject、LisaList 和 LisaTerminal。每个应用程序都能够使人们利用计算机来完成以前在纸上完成的工作。"Lisa 办公系统"是首个捆绑式办公套件，Macintosh 的办公套件及后来微软公司的 Microsoft Office 均是以此为原型。我为我的团队能够成功创建 Lisa 办公套件感到自豪，但当初如果有足够的时间，能在发货前为 Lisa 预装更多应用程序的话，那就更完美了。

　　随后，我们创建了一款名为"Lisa ToolKit"的工具，目的是向外部开发人员开放 Lisa 的桌面库。桌面库囊括了数十个软件模块，均是苹果公司内部开发人员为 Lisa 编写应用程序所使用的模块，其中包括阿特金森开发的一款强大的图形模块"QuickDraw"。我们做得很好的一点是，在设计 Lisa 的操作环境时，我们事先就确保了用户能以两种模式启动计算机。对于非技术用户而言，他们可以通过图形用户界面使用办公套件。随后，我们添加了一种专为开发人员设计的用户模式。开发人员可以通过该模式访问第二个操作系统，该操作系统包含名为"Lisa Workshop"的图形用户界面文本编辑器。后来，我们将其改造成了 Lisa Monitor 环境编辑器。虽然这是一个可行的开发环境，但并非一个理想的开发环境，因为开发人员每次切换操作系统时都必须重启计算机。我们需要的是一个能够让外部开发人员在 Lisa 办公系统中创建软件的开发环境。但由于时间紧迫，别无他法，我们只能用上述方式实现该目标。

与比尔·盖茨的"世纪交易"，将公司机密拱手让人

1982 年，在 Lisa 和 Macintosh 开发期间，为了解决创新困境，乔布斯联系上了一位声名鹊起的软件开发商比尔·盖茨。彼时，盖茨是微软公司的首席执行官。微软是一家总部位于华盛顿州贝尔维尤（Bellevue）的软件公司，由盖茨和他的合伙人保罗·艾伦（Paul Allen）创立。几年前，该公司就进入了操作系统的开发市场，并于 1981 年发布了名为 MS-DOS 的命令行操作系统。1980 年，盖茨与 IBM 公司签订了一项为 IBM PC 开发操作系统的合同。对于微软来说，这项重大合作推动这家小型软件公司进入了快速增长期。

微软的快速崛起引起了乔布斯的注意，他有了一个想法。他不想在 Lisa 办公套件上做一些改进或调整，而是想说服盖茨，让微软公司专门为 Macintosh 开发电子表格和文字处理应用程序。虽然我一直坚持让苹果公司允许第三方开发人员为公司的计算机编写应用程序，但

我并不认为，与一家同样以开发操作系统为主要业务的企业开展合作是个好主意，尤其是当时业内人士已经将盖茨视为一个精明的投机主义者。

我试图说服乔布斯放弃这个想法，但他不听，反而飞往微软总部直接向盖茨提出了这个想法。在我眼中，乔布斯虽然极富远见但不够精明，而盖茨恰恰相反，他是一个对机会有着敏锐嗅觉的精明商人。他想也没想就答应了乔布斯的提议。乔布斯回来后，得意地向其他高层管理人员炫耀这笔交易："我刚刚达成了人类有史以来最伟大的交易！"他解释说，达成这笔交易，意味着微软将为Macintosh编写文字处理器和电子表格应用程序，并且每个应用程序只收取1美元的版税。当时，乔布斯对这笔交易感到极为满意。

虽然乔布斯认为这笔交易再划算不过了，但我很快就意识到达成这笔交易究竟意味着什么。当时，Macintosh尚不具备开发环境，微软无法利用Macintosh来编写应用程序。而所有Macintosh上的软件都是先在Lisa上编写，再移植到Macintosh上运行。这意味着，微软公司必须使用Lisa才能为Macintosh编写程序。在高管会议结束后，我把乔布斯拉到一边，告诉他说："乔布斯，你这无异于是将公司最贵重的珍宝拱手让人。因为现在盖茨能够接触到Lisa的核心技术了！"

到1982年底，苹果公司这艘"从顶部漏水的船"已经被水淹没了。不仅仅是媒体，几乎地球上所有人知道了苹果公司即将推出一款革命性的计算机，许多人想要来参观这款计算机。当时我们并不觉得这是件坏事。我们希望给潜在的企业客户留下一个超越Apple Ⅱ的印象，并希望他们真的认识到苹果公司的产品与IBM PC之间的天壤之别。为了做到这一点，霍金斯的营销团队指导我们设计并打造了一间特殊的"参观

第 6 章　Lisa 开发的三重挑战

室"。如此一来，受邀者便可以在私人环境中参观 Lisa。如今，苹果公司的此类场所被称为"创新体验中心"。

当时，参观室内摆放了 6 台 Lisa 计算机，每台计算机运行着不同的应用程序。一些《财富》400 强企业受苹果公司销售部门之邀，来见证个人计算机的未来。Lisa 令所有人都大开眼界，并让他们感到震撼不已，其中就有盖茨。他专程飞来苹果公司，亲自参观了 Lisa。按照乔布斯的指示，我毫无保留地向盖茨展示了 Lisa 的全部功能。盖茨乐此不疲地从一台计算机参观到另一台计算机。"你们是怎么做到的？"他问，"你们进展得太快了。再展示一遍吧！"他兴奋得像个进了糖果店的孩子。在整个参观期间，他心潮澎湃，激动之情溢于言表。

参观结束后，盖茨回到了西雅图。苹果公司要求我将两台预发布版本的 Lisa 寄给他，以便让他的团队开始为 Macintosh 编写应用程序。尽管我极不情愿，但乔布斯坚持让我这样做，我实在别无选择。

盖茨的公司按照约定，为 Macintosh 编写了应用程序，但他并没有止步于此。他做了一个精明但不太道德之举，即带领微软公司的团队利用 Lisa 技术，主要是利用图形用户界面这一技术，开发一款与 Lisa 极为相似，但属于他们自己的图形用户界面。并且，他们打算用它来取代 DOS 操作系统。盖茨将这个"新的"图形用户界面称为"Microsoft Windows"。

微软公司照搬了 Lisa 的图形用户界面，这对于苹果公司来说无疑是一记响亮的耳光，但盖茨所做的还不止这些。他还发布了微软鼠标，这款鼠标也"十分巧合地"与 Lisa 的鼠标极为相似。更糟糕的是，就在

095

学习的挑战　My Life at Apple

1983年，Lisa与其预装的办公套件一起发布的同年，微软公司也发布了十分相似，但属于他们自己的办公套件——Microsoft Office，其中包括Microsoft Excel和Microsoft Word。当我告诉乔布斯他已经"将公司最贵重的珍宝拱手让人"时，很遗憾，我并没有说错。

在经此重创数年之后，时任苹果首席执行官的约翰·斯卡利以侵犯版权为由，对微软公司提起诉讼，但这场诉讼却以苹果公司4年后的败诉而告终。依据法院裁决，微软公司有权无限期地销售Windows，这使得他们成为苹果公司未来几十年里最大的竞争对手。这起诉讼对于苹果公司而言，也并非没有任何益处，因为它的确给两家公司制造了大量的话题，引起了人们极高的关注。但败诉的滋味确实不好受。

最终从法院裁决中，获得最大个人利益的人是盖茨。Microsoft Windows在市场上大获成功，使得盖茨的净资产在1995年就超过1亿美元。《福布斯》杂志称，这使他成为世界首富。在后来的数十年里，他一直保持着世界首富的地位。

在我看来，乔布斯和盖茨似乎一直是彼此的竞争对手。两人都热爱技术，好胜心极强。但除此之外，他们并没有太多共同点。乔布斯是典型的"左脑人"，充满激情、富有创造力；而程序员出身的盖茨则是"右脑人"，心态沉着、有条不紊。他们都认为自己才是创造者，但乔布斯认为盖茨更像是一个受财富和权力驱使的精明商人，而不是像他这样，通过创造力和创新力来改变世界的人。我记得乔布斯曾在某个周三早上的员工会议上说："盖茨想以与托马斯·爱迪生齐名的身份载入史册，但遗憾的是，人们只会认为他是第二个约翰·戴维森·洛克菲勒（John Davison Rockefeller）[①]。"从很大程度上来说，乔布斯的预测接近事实。

[①] 美国的资本家和慈善家，美国第一个亿万富翁，被称为"石油大王"。——编者注

第 6 章　Lisa 开发的三重挑战

多年之后，我离开了苹果公司，那时苹果公司与微软公司正处于诉讼期间。我意外地接到了盖茨的电话。他记得我曾在参观室向他展示 Lisa 计算机，还知道 Lisa 的开发由我负责。他问我是否愿意飞往微软总部，并花一天的时间与他谈谈。我知道他想讨论与苹果公司的诉讼案件。虽然当时我（第一次）离开了苹果公司，但我仍认为自己不能做出任何对乔布斯不利的事情。同时，我依然很好奇盖茨会和我聊些什么。

对于是否应该赴约，我思考再三。最终，我接受了他的邀请，原因有二。首先，我知道我不会谈论任何导致苹果公司败诉的事情。相反，我或许还能从盖茨的聊天中获取一些有关微软公司将会如何辩护的信息。其次，他让我带上我的儿子克里斯，我知道访问微软总部并会见盖茨，对克里斯来说是件大事。毕竟，盖茨是家喻户晓、备受尊重的工程师和商人，而作为数字原住民的克里斯，早就知道了盖茨的大名。

几天后，我和克里斯飞去了贝尔维尤，那里是微软公司总部的所在地。我本以为接机的会是一名实习生或者助理，没想到，盖茨开着他的雷克萨斯亲自迎接我们。"嘿，约翰！"他笑着和我打招呼，就好像我们已是多年的老友一样。他将一堆书和研究材料从后座上挪开，让克里斯坐下。几年前，微软公司刚刚上市，盖茨的净资产暴涨。身为备受瞩目的首席执行官及世界首富，盖茨仍愿意亲自接机，这可不是一件寻常之事。我感到十分荣幸，而克里斯简直开心极了。

驱车没多久，我们就抵达了目的地。接着，我们下了车，在美丽的微软公司园区的楼宇之间散步。盖茨没有提及任何与诉讼有关的事情。他花了很长时间和克里斯聊天。一路上，克里斯的兴奋之情简直无法自抑。随后，我们来到盖茨的办公室。他在办公桌前坐下，看着克里斯，微笑着说："克里斯，你可能永远也无法理解，你爸爸对微软公司乃至整个计算机行业,产生了多么巨大的影响。当我以为微软公司面临绝境、无力回天时,你爸爸向我展示了 Lisa 计算机。看完展示,我立刻重新组织了微软公司。"虽然这几句话像是轻描淡写,但这一刻对我来说,一直是我永远也无法忘记的感人时刻。不仅仅因为盖茨认为我给计算机行业带来了如此大的影响,还因为就在那一刻,克里斯抬起头看着我,笑容灿烂,仿佛他拥有世界上最令他自豪的爸爸。

随后我得知,盖茨想和我谈的是一个以前的研究项目。他曾听说过该项目,想要深入了解一番。他说该项目是由苏黎世联邦理工学院开展的,而我曾去过那里拜访"Pascal 之父"尼古拉斯·沃斯博士。盖茨听说该项目在施乐公司的奥托计算机出现之前,就已经开发出了另一款图形用户界面。他想知道我是否知晓此事,这大概是为了证明在 Lisa 之前已经存在一个可行的图形用户界面,以在诉讼中为微软公司进行辩护。但实际上,我当时从未听说过该项目。虽然我和克里斯很享受在微软公司与盖茨一起共度的时光,但他并没有从我这里获取任何有用的信息。

第 7 章

Lisa 改变了什么

MY LIFE
AT
APPLE

让我们一起改变世界。

——史蒂夫·乔布斯

第 7 章　Lisa 改变了什么

从我在苹果公司的参观室向盖茨展示 Lisa 计算机开始，他带领微软公司的团队花了整整 3 年的时间来模仿与 Lisa 相关的技术，这与我们当初设计和开发 Lisa 的时间相当。我们当初只能从零开始，探索一条前无古人之路，而他们只需通过逆向工程对我们的成品进行调整。因此，得知他们所花时间居然和我们一样多之后，我感到十分费解。除了施乐帕克研究中心之外，没有人曾为商用的图形用户界面编写和设计代码，更不用说开发相应的应用程序了。尽管学习过程困难，内外竞争激烈，资源不断缩减，一路上挑战重重，但我们最终还是成功完成了开发。1983 年 1 月 19 日，我们先在苹果公司的股东大会上做了展示。之后，在新英格兰生活中心开办的波士顿计算机学会会议上，我们首次公开演示了 Lisa。

我满怀期待，不仅期待人们能够认识到 Lisa 是一款极具创新性和革命性的计算机，也期待这种认识能够给 Lisa 带来极高的销量。从未有哪一款产品像 Lisa 一样，让我对产品发布一事感到如此兴奋难抑。但同时，我也很担心，因为我知道预发布时的种种挑战依然尚未解决，比如前文提到的 Twiggy 驱动器、价格等，我们必须面对由此引发的不良后果。不

学习的挑战　My Life at Apple

管怎样，我还是决定全力以赴。当时我虽不知道 Lisa 将给计算机的未来造成多大程度的影响，但能清楚地意识到，我正处于计算机史上一个历史性的时刻。

在波士顿做了介绍性展示之后，我飞往纽约与乔布斯会面。随后我们一起参加在卡莱尔酒店的套房内举行的新闻发布会。在发布会上，一台 Lisa 计算机被放在一架小型三角钢琴旁边，钢琴上放着一大碗草莓。我总能记住重大事件中的一些小细节，实在有些神奇。乔布斯经常向我们强调微小细节的重要性，发布会的效果也证实了他是对的。毋庸置疑，那天在卡莱尔酒店举行的新闻发布会绝对属于重大事件。那场新闻发布会已经超越了"引起轰动"的程度，更接近于一场群体的狂欢。每个人似乎都在笑个不停。媒体拍摄了数百张照片，连珠炮似的提了许多问题，他们都激动不已，因为他们不用再依赖小道消息了解这款个人计算机了。

从我们首次对 Lisa 进行公开展示开始，一直到开始发货的时候，媒体上所有关于该款计算机的报道都是正面的。有些媒体甚至将 Lisa 誉为计算机"革命的开始"，而这也正是乔布斯在 5 年前交给我的任务。彼时，一些世界知名出版物争相报道我们取得的成就，其中包括《纽约时报》《时代周刊》《新闻周刊》以及所有相关的商业杂志。一些报道使用了下面这些令人印象深刻的标题。

"技术重磅炸弹"

"的确令人震惊"

"一款非常友好的个人计算机"

"易于使用的新一代计算机"

"一款改变计算机与人之间关系的机器"

"我爱Lisa"

第 7 章　Lisa 改变了什么

在这方面我必须给苹果公司以充分的肯定，因为公司围绕 Lisa 开展了出色的营销和宣传活动。我依然记得我十分喜爱的 Lisa 的第一则电视广告，该广告由年轻的凯文·科斯特纳（Kevin Costner）和热播电影《闪电舞》(*Flashdance*) 中的明星小狗主演。广告开篇是某个黎明时分，科斯特纳轻松惬意地骑着自行车，他的狗跟着奔跑。他神情悠然地与小狗享受美好的时光，既不急于赶到哪里，也不急于处理任何事情。当他到达办公室后，他坐在办公桌前，打开办公桌上的 Lisa，通过移动和点击鼠标开始使用图形用户界面处理工作。广告中的字幕和旁白如下。

> 有为青年往往无暇放松。在苹果公司看来，是时候改变以往的生活方式了。于是，我们造出了世界上最先进的个人计算机。不久，世界上将会有两类人：一类是使用计算机的人，另一类是使用苹果计算机的人。

当广告接近尾声时，科斯特纳的电话响了。他接起电话，脸上扬起微笑，告诉电话另一端的人："好的，我待会儿就回家吃饭。"这则广告不仅很好地体现了基于图形用户界面的 Lisa 使用起来有多么简单，而且展现出业务繁忙的人能够通过使用 Lisa 节约大量的时间。

还有一则我很喜欢的平面广告，乔布斯曾将计算机称为"大脑的自行车"，而这则广告将 Lisa 称为"大脑的玛莎拉蒂"。我看到一些文章将我描述成"Lisa 之父"，这听起来挺酷，但令我受宠若惊，因为 Lisa 的背后站着一支由许多位才华横溢的设计师、程序员、开发人员、营销人员和其他人员组成的团队。团队成员的共同努力才使 Lisa 得以问世，而我只是其中一员。虽然我有幸带领了这支团队，但实际上，Lisa 之父不止一位。

尽管如此,"Lisa 之父"的称号的确给我带来不少好处。其中之一是,我得以有机会受邀参加各种备受瞩目的派对和慈善会,并由此结识许多有影响力的人。最令我难忘的一次是受邀参加《新闻周刊》的 50 周年庆典。当时,我就坐在《华盛顿邮报》的首席执行官凯瑟琳·格雷厄姆(Katherine Graham)旁边。还有一次,在受邀参加由《新闻周刊》赞助的第 51 届勒芒 24 小时耐力赛时,我结识了"超人"的扮演者克里斯托弗·里夫(Christopher Reeve)!在 1983 年年初的几个月中,我经历了人生中的一些高光时刻,但这些都远不及我将 Lisa 推向世界时的喜悦。

吸引将帅之才

那天在纽约,最后一批参观 Lisa 的人中有约翰·斯卡利,当时他是备受尊敬的百事公司总裁。乔布斯一直在试图说服他离开百事公司,出任苹果公司的首席执行官。在乔布斯的精心安排中,我们与他成功会面。当天晚上,我、乔布斯、营销和销售部门主管弗洛伊德·克瓦姆(Floyd Kvamme)与斯卡利共进晚餐,并就两家公司谈论了很长时间。作为"百事新一代"广告活动的策划者,斯卡利被公认为营销界的天才人物。该广告最成功的部分在于"百事大挑战"活动,即百事公司在全国各地的商场和商店中组织的盲猜测试。首先,百事公司的代表会将百事可乐和其最大竞争对手可口可乐分别倒入两个完全一样的杯子,并放在一起;然后,当商场中来来往往的顾客经过时,代表们会邀请他们品尝两杯可乐,一杯是百事可乐,另一杯是可口可乐;最后,在受邀者尝完之后,代表们会询问他们更喜欢哪杯可乐。大多数人认为百事可乐的口感更好。百事公司对这项测试进行了电视直播,并取得了巨大的成功。在这之前,可口可乐在市场占据主导地位已久,而经此一役,百事可乐得以与可口

第 7 章 Lisa 改变了什么

可乐并驾齐驱。

当斯卡利向我们讲述那次广告活动的细节时，我们不禁想到，苹果公司是否也能采取同样的方式打开市场。与百事可乐的目标受众类似，苹果公司同样是以新一代计算机用户为目标受众。乔布斯很喜欢百事公司广告活动背后"先试后买"的核心概念，并决定采取类似的方式来推广 Macintosh。最终，苹果公司推出"试用你的 Macintosh"活动，即 Macintosh 的潜在用户可以"借"一台 Macintosh 回家，并试用一小段时间。从本质上来说，这个计算机借用计划是史无前例的。这个计划很大程度上使人们觉得，使用计算机并没有想象中那么困难。

就在与斯卡利见面的那晚，我向他讲述了 Lisa 技术的细节，他大受震撼。后来他告诉我们，我们对 Lisa 所持的热情，以及我们改变世界的豪情壮志，都给他留下了深刻的印象。那天，我们兴奋地分享着彼此的种种经历、想法以及对未来的愿景，一直聊到餐厅打烊才离开。甚至直到离开，我们都还没聊尽兴，于是约定第二天早餐再继续。乔布斯和我回到酒店之后，我们都对当天发生的一切感到无比兴奋，难以入睡。于是，我们一整晚都在探讨新想法。尽管我们彻夜未眠，但依然情绪高涨。随后，我们与斯卡利一起共进早餐，并继续前一天晚上的话题。

在纽约与斯卡利聊了数次之后，乔布斯还在不断试图说服斯卡利加入苹果公司。随后，斯卡利多次访问苹果总部，显然是在考虑是否应该接受乔布斯的提议。正是在一次访问中，乔布斯问了斯卡利那个如今人尽皆知的问题："你想卖一辈子糖水，还是想改变世界？"这绝对是乔布斯一贯的风格。在我初次见到他时，他就是以这种鼓舞人心、充满热情的风格，让我心潮澎湃，一心想要助他创造历史。在他的世界里，抵抗是徒劳的。如果他迫切地想要得到某物或者某人，他似乎总能找到办法

105

让自己如愿以偿,这一次也不例外。1983 年 4 月 8 日,斯卡利辞去百事公司总裁一职,成为苹果公司第三任首席执行官。

Lisa 是一款失败的产品吗

在发货之前,苹果公司上下都对 Lisa 抱有很高的期望。我们知道,Lisa 是一款前所未见的革命性产品。同时,我们也为能够给个人计算机的未来指明方向感到自豪。现在,我们只想让尽可能多的人拥有 Lisa。因为我们知道,一旦他们看到了未来,就再也不想回到过去。这就像你本来拥有一部 20 世纪 90 年代的旧翻盖手机,在使用了几周最新的 iPhone 之后,就不想再使用原来的那部旧手机了。我们希望那些尝试过 Lisa 的人拥有类似的感觉。我们知道,他们如果使用过图形用户界面,就再也无法接受基于文本的操作系统了。

Lisa 于 1983 年 6 月开始发货。我们的短期销售目标是在 1983 年的下半年售出 10 000 台 Lisa,而彼时我们的销售团队仅有 50 人!尽管价格高达每台 10 000 美元,并且 Twiggy 驱动器存在缺陷,但我们最终还是在大学校园和海外市场中取得了不错的销售成绩。最终,我们销售了 13 000 多台,轻松超过了预期。我们之所以能够售出如此多台 Lisa,是因为放眼全世界,Lisa 都是独一无二的。Lisa 能够做到其他计算机无法做到的事情,它足以让其他任何一款计算机都相形见绌。然而,我们早期开发时所面临的种种挑战并没有因此消失。

还记得那艘从顶部漏水的船吗?如今,全世界都见证了图形用户界面和鼠标的强大功能,很多人想要购买。然而,10 000 美元一台的 Lisa

太贵了，很多原来想大量采购的公司根本无力承担。这使得人们迫切想要一款同样采用图形用户界面，但价格更加便宜的计算机。突然间，关于苹果公司另一款计算机的谣言闸门被重新打开了，似乎每个人都开始谈论，他们从乔布斯那里听说了苹果公司正在开发一款新的计算机，这款计算机与Lisa并无本质上的区别，但价格却要低得多。许许多多听说过这款新计算机的潜在客户都选择了继续等待。事实上，他们没有等太久，因为在1984年1月，距Lisa开始发货仅过去7个月，苹果公司就推出了Macintosh。

Macintosh兑现了传闻中的种种承诺，它和Lisa一样采用了图形用户界面和鼠标。然而，二者之间存在着一个极大的区别，即Macintosh的价格仅为2 500美元。也就是说，用户可以用买1台Lisa的钱，买到4台Macintosh。几乎任何想要拥有配备图形用户界面的计算机的人，都会毫不犹豫地选择Macintosh。虽然Lisa的目标市场是商用市场，而Macintosh面向个人消费者，但许多企业还是无法抗拒两者之间巨大的价格差异，选择批量采购Macintosh。Macintosh以史无前例的速度被售出，而其"同胞姐姐"Lisa的处境就有些不容乐观了。

1984年一整年，Lisa的销量约为40 000台。1985年上半年，Lisa销量大幅下降，最终停产。Lisa虽然仅在市面上存在了2年的时间，但仍取得了平均每月售出约4 500台的成绩，这与公司最初的销售预期非常接近。美国国家航空航天局成了Lisa的最大客户，一次性购买了数千台。另外，Lisa在海外市场的销量也较为可观，与在国内市场的销量相差无几。最终，我们以每台10 000美元的价格售出了10多万台Lisa。这意味着，在Lisa上市的这两年中，它为苹果公司带来了10亿美元（相当于2020年的26亿美元）的收入，而它的开发成本仅为5 000万美元。

学习的挑战　　My Life at Apple

　　人们在回顾苹果公司的历史时，常常会认为 Lisa 是一款"失败的产品"。然而，事实果真如此吗？为了回答该问题，我们不妨先来看看，与苹果公司的前一款计算机 Apple Ⅱ 相比，两款计算机的早期销量究竟如何。这两款计算机最大的共同点在于，在发布时，它们都是当时革命性的计算机。Apple Ⅱ 发布于 1977 年 6 月，截至 1980 年底，在 2 年半的时间里，一共销售了 10 万台。Apple Ⅱ 的价格仅为 1 300 美元，作为个人计算机而言，它的价格并不昂贵。相比之下，售价高达 10 000 美元的 Lisa 仅用了 2 年时间，就突破了 10 万台的销量大关。当然，我并不是暗示 Lisa 优于 Apple Ⅱ，因为它们是两款针对完全不同的市场和用户打造的计算机。但我的确发现，如果将两者的成本和销量进行比较的话，能得出一些有意思的结论。

　　毋庸置疑，Lisa 的早期销量远不及 Macintosh。但两者相较之下，也有几点值得注意的地方。如前所述，Lisa 为期 4 年的开发成本约为 5 000 万美元，Macintosh 的开发成本则要低得多。因为我们团队必须重新研究、设计和开发包括图形用户界面、鼠标、软件等在内的一系列功能，所以 Lisa 的开发费用极其高昂。但同时，这进一步降低了 Macintosh 的开发成本，因为 Macintosh 的开发团队能够跳过研究阶段，直接利用 Lisa 的设计和软件，这样一来，无疑为公司节约了大量的时间和金钱。

　　Macintosh 的早期销量远超 Lisa，在发布后仅 3 个月的时间内，就售出了约 70 000 台。其中一个原因是，它的售价仅为 Lisa 的四分之一。不仅如此，Macintosh 采用了全套由微软公司开发的应用程序，而 Lisa 采用的是由苹果公司自行开发的办公套件。能够运行第三方应用程序使 Macintosh 在早期就获益颇丰，然而 Macintosh 上的软件却无法在 Lisa 上运行。这迫使大多数潜在买家必须在昂贵的 Lisa 和便宜的 Macintosh 之间做出选择。

第 7 章 Lisa 改变了什么

在 Lisa 开始发货的一年后，苹果公司决定将其重新包装为 Lisa 2，并以一半的价格出售，同时还为原来的买家提供免费的硬件升级服务。但是这样一来，整个公司就没有高端计算机了。于是，公司在一年之后，决定对 Lisa 进行再次包装和定位。然而，此次公司并未把新版本的 Lisa 包装成 Lisa 3，因为公司终于意识到，让公司内部两款不同系列的计算机相互竞争是毫无意义的。兜兜转转，又回到了起点，公司再次将 Lisa 定位为高端计算机。

为了合并这两条产品线，公司将其改名为"Macintosh XL"，并配备了更大的屏幕和内存及一个硬盘。最新版本的 Lisa 包含了一个迁移工具包，里面有一个名为"MacWorks"的程序。通过该程序，大多数 Macintosh 上的软件都能够在 Lisa 上运行，而这正是我自 1980 年以来一直争取让 Lisa 实现的功能。

经历了这一系列的改变之后，Lisa 最终成了一款体积更大、功能更强、价格更贵的 Macintosh。到了 1986 年，也就是乔布斯离开苹果一年后，整个 Lisa 产品线永久停产了，Macintosh 随之成为公司唯一的主打产品。公司将剩下的 Lisa 计算机卖给了经销商 Sun Remarketing，这些计算机最后被埋在了垃圾填埋场里。

Lisa 在计算机史上的影响

虽然 Lisa 在推出仅两年后，就惨遭淘汰，但它给后来的计算机，乃至其他行业带来的影响却一直延续至今。Macintosh 最先并且最明显地受到了 Lisa 的影响。尽管两款计算机推出的时间相隔 1 年，但最初版的

Lisa 和 Macintosh 给人的第一感觉在许多方面都极为相似。两款计算机均以 Lisa 技术为基础构建，均具有用户图形界面、鼠标、剪切和粘贴功能，而且用户都可自行设置多种比例字体。然而，这两款计算机之间也存在着显著的差异，正是这些差异使得 Lisa 与众不同。例如，在硬件方面，Lisa 配备了硬盘、内置扩展槽、大型高分辨率显示器、数字键盘，并支持 2MB 的内存。

软件方面，同样存在着重要差异。例如，Lisa 拥有多个操作系统，并且操作系统带有屏幕保护程序，拥有多任务处理功能；而当时的 Macintosh 没有这些功能。Lisa 上有 5 个应用程序是用高级语言 Pascal 编写；而 Macintosh 上所有的应用程序均是用汇编语言编写。此外，Lisa 最为突出的一个优势，在于其内存保护功能。有了该功能，用户就能放心地直接关机离开。因为所有数据都会像他们离开时那样，原封不动地自动保存。出于某种原因，Macintosh 多年后才拥有此项功能。

Lisa 采用的技术要比 Macintosh 更为复杂、功能也更加强大，上述种种差异只是其中的一些例子。因此当时大多数苹果公司的工程师认为，将 Lisa 作为主打产品，并以较低的价格出售会是更好的选择，沃兹尼亚克甚至说："苹果公司本应选择 Lisa 的操作系统。"

除 Macintosh 之外，Lisa 还对许多技术创新产生了重大影响。它永远改变了计算机的制造和使用方式，并以其形象重塑了整个行业。许多人误以为，苹果公司的计算机只是施乐的奥托计算机的复制品。然而事实上，奥托计算机只是一台价值 50 000 美元的研究型机器，根本不具备易于使用的图形用户界面、商业软件和文件保护等功能。奥托计算机既缺乏基本的功能，也没有足够的应用程序，甚至对于施乐公司的开发人员而言，Lisa 已经超出了他们对计算机的想象。

第 7 章　Lisa 改变了什么

1968 年，在恩格尔巴特"演示之母"的演讲中，施乐公司获得了一个很好的概念，并决定在此基础上做出改进；我们同样也只是从施乐帕克研究中心获得了一个极好的概念而已。

从我加入苹果公司的第一天起，乔布斯交给我的任务就非常明确——打造一款革命性的计算机，以此来重新定义个人计算机的本质。得益于他的远见卓识以及团队的辛勤付出，我可以很自豪地说，我们不辱使命。

有时候，我确实会听到人们议论 Lisa "未能普及"，但我认为他们错了。因为 Lisa 的技术得以在 Macintosh 上延续，并随着 Macintosh 一起畅销全世界。后来，Macintosh 能超乎消费者想象，改变整个计算机行业，很大程度应归功于 Lisa 技术。事实上，现在的每款操作系统都受到了 Lisa 的影响，不论是 Mac OS、iOS，还是 Microsoft Windows、Android。从经济效益上来看，人们或许对 Lisa 是不是一款失败的产品持有争议，但 Lisa 在整个计算机史上产生的重大影响，绝对是无可争议的（见图 7-1）。

图形用户界面	拖放功能
基于 Windows 终端的界面	复制、编辑、剪切和粘贴功能
鼠标和光标	使用"剪贴板"移动数据
虚拟"桌面"	保存和回收文档的功能
计算机"图标"	低功耗模式（睡眠模式的先驱）
菜单栏	软件和硬件集成
下拉菜单	弹出对话框或警告框

窗口滚动条	轻松拆卸系统
缩放窗口以打开/关闭	虚拟的文件名
计算机"文件和文件夹"	多语言键盘
桌面文件管理器（Finder 的先驱）	诊断启动
内存保护操作系统	屏幕对比度和亮度调节
面向文档的工作流	面向任务的工作流
反盗版和复制保护	MacWorks 迁移程序（Bootcamp 的先驱）
办公软件套件（即 MS Office）	文件密码保护
重叠窗口	多种可供用户自行选择比例的字体
复制文件名	Macintosh 操作系统
iOS	Microsoft Windows 操作系统

图 7-1　Lisa 给主流消费者带来了什么

第 8 章

用苹果的精神挑战
教育领域

MY LIFE
AT
APPLE

生活仍会继续,你需从中学习。

——史蒂夫·乔布斯

第 8 章 用苹果的精神挑战教育领域

乔布斯认为，以消费者为导向的产品会拥有更大的市场，这也将推动苹果公司向未来大步迈进。因此，到 1983 年年中时，苹果公司继续将 Macintosh 视为主打产品的战略已十分明确。对于能有一个将 Lisa 推向世界的机会，我心中的确满怀感激。然而，看着苹果公司将所有的可用资源向 Macintosh 大幅度倾斜，我也难免感到失望。我带领的 Lisa 团队才华横溢，却被逐渐挤出公司的主力阵容，无法得到应得的认可，只能眼巴巴地看着 Macintosh 团队风生水起，这令我感到十分难过。这些困扰的确是促使我决定离开苹果公司的因素之一，然而我决定辞职的最主要原因来自家庭，而非工作。

1983 年夏天，在日本度假期间，我做出了从苹果公司辞职的决定。我在苹果公司已经待了 5 年，十分有幸能与乔布斯共事。他让我感觉到自己是苹果公司的中坚力量，而苹果公司正在创造一个宏伟而重要的未来。以他的原话来说，苹果公司正在创造"一些极其伟大的事物"。但是，就职于一家发展如此迅速的初创公司，也让我很少有时间陪伴家人，这对我的家人来说是巨大的损失。在苹果公司，每天工作 15 小时是家常便饭，甚至可以说是必须的。Macintosh 的团队成员对此感到十分自豪，他们甚至开始穿定制的 T 恤衫，上面印着："每周 90 小时，工作使我快乐！"

对于那些二十来岁如饥似渴、雄心勃勃，刚从大学毕业的单身年轻人来说，如此高强度的工作并不是什么问题。但我不一样，那时我已经 36 岁，是 3 个孩子的父亲，并计划为家族增添一名新成员。随着苹果公司持续快速发展，我的工作量变得越来越大，工作的时间也越来越多。在早期的苹果公司，工作可谓是没有尽头，我们常常从早上醒来便开始工作，一直忙到深夜才能睡觉。5 年来，我一直处在这种工作状态中。

让我真正思考自己处境的契机是我在日本休假的时候。当时，我在日本的假期本应是半研究学习半游玩放松，然而实际上，我在假期内不仅需要为苹果公司做新闻采访，还要为斯卡利编写软件部门的商业计划。某天，在我回到酒店的房间之后，我看到了 7 岁的女儿蒂芙尼写的一首诗，这首诗近乎完美地表达了我的工作和家庭生活之间的紧张关系。全诗如下。

我不想玩拉锯战，
我只想玩拥抱战，
所有人彼此拥抱，而非拉锯，
所有人面带笑容、相互亲吻，
所有人相互依偎、获得胜利。

她的文字直击我内心深处，我当即热泪盈眶。我知道，她笔下的拉锯战之所以存在，正是因为我。为了工作，我无数次地拒绝了她拥抱、亲吻和依偎的请求。我错过了孩子们大部分的成长时光。就算我的妻子成功地生下宝宝，我可能也无法陪伴孩子成长。我意识到，除非我在工作上做出一些改变，否则这种情况不会有任何改变。最糟糕的是，我知道如果继续在苹果公司高强度工作，我会继续自欺欺人地认为自己是在为家人努力工作。然而事实上，我内心深处很清楚，那时我已经不存在经济上的压力。因此，"为了全家人衣食无忧而努力工作"实在是一个很勉强的借口。我的确十分热爱我的工作，但我没有理由继续如此高强度地工作了。我5岁时失去了父亲，因此我最害怕的事情莫过于我的孩子们在父爱缺失的状态下度过一生。

做出离开苹果的决定

从日本回来之后，我并没有直接向乔布斯提出辞职，因为我知道他一定能说服我留下来。于是，我向公司的人力资源部门主管安·鲍沃斯提交了一份辞职申请，申请中详细阐述了我辞职的原因，以及做出这个决定对我而言有多么不容易。那时乔布斯将全部精力放在了Macintosh上，Lisa团队的成员觉得他们已经被挤出公司的主力部门，而此时我扔下他们离去，似乎会使他们的处境雪上加霜。因此，此时辞职对我而言的确是一个极为艰难的决定。

面对我的辞职申请，鲍沃斯面露难色。她指出，在过去的几个月里，苹果公司的领导层变动已经使许多高管纷纷离开，而新任首席执行官斯卡利不希望看到这样的局面继续下去。她问我是否可以等她和斯卡利沟通之后，再给我答复。虽然不太情愿，但我还是同意了。几天之后，鲍沃斯喊我去她办公室，并告诉我，斯卡利让我推迟离职时间，先休完公休假再说。我实在没想到，辞职居然如此困难！鲍沃斯说："看来我得将你的辞职申请放在抽屉里，晾上几个月了。"我想体面地离开，就接受了他们的提议。

在休假的那段时间里，我不断思考着在离开苹果公司之后，我应该何去何从。突然间，我意识到，我的大量财富都是以苹果股票期权的形式存在，而我必须将其中一部分变现，才能度过这段过渡期。按照规定，公司高管不能在同一天行使股票期权。但因为我即将辞职并急需一笔资金，所以我让我的经纪人行使部分股票期权，并卖出股票。他按照指示行使了期权，但未能在市场收盘前卖出股票。第二天早上，苹果公司的股票价格下跌了两位数，这意味着我从前一天行使期权的股票中所获得的收益大大减少。

一夜之间损失大笔资金已经够糟糕了，但我又突然想到，我在行使期权并出售股票时，并没有考虑到在法律意义上我仍属于一名苹果公司高管。这意味着，我刚刚进行的交易是非法的。当时，我很担心可能会因此事而惹上麻烦。于是，我向鲍沃斯解释了这件事，并请她务必同意我之前所提交的辞职申请，她答应了。自此，我不再是一名苹果公司员工了。

我向来都不是一个会为无法掌控之事而苦恼费心的人。虽然在行使股票期权时犯的错让我付出了不小的代价，但是我很快接受了这一事实。同时我也松了口气，因为我的粗心大意似乎并没有给我带来麻烦。我天真地以为，整件事就这么翻篇了。

在我辞职后不久，苹果公司因股价突然下跌而被一群股东起诉，我也因此被传唤出庭。在我进行证人陈述时，原告律师指出，苹果股票之所以下跌，是因为 Lisa 的 Twiggy 驱动器存在问题，我当时正是由于掌握了这些"内幕消息"才决定出售股票。我反问道:"如果我知道苹果公司的股票会因 Lisa 的硬件缺陷而下跌,那么我为什么要等到股票下跌之后,才以更低的价格出售呢?"对方律师们看着彼此,意识到他们的指控在逻辑上根本站不住脚。然后,其中一名律师看了看我的资料后说:"没有其他问题了。"虽然我在出售股票时每股损失了 30 美元,但我现在为此感到庆幸不已。因为如果那时苹果公司的股票是上涨而非下跌,那么我可能将会面临一笔巨额的内幕交易罚款。

一场富有预见性的告别

辞职后不久,我回到苹果公司与乔布斯聊了聊我辞职的原因。毕竟,我当初加入苹果公司正是由于他的邀请。我想让他清楚地知道,我打心眼里欣赏他,并且能够在苹果公司工作是一个绝妙的机会,这对我而言意义重大。我也向他解释了,对于彼时已经属于中年人的我来说,陪伴家人以及花更多时间去追随信仰同样至关重要。

他表示完全理解,我们交谈得十分愉快。这些年来,令我感到最为敬佩的是他在与人交往方面变得成熟了许多,不仅变得更具同情心,而且开始接纳有着不同信仰的人。据我所知,他从来没有任何宗教信仰。在苹果公司早期阶段,他有一次偶然发现,我手下有一位实习生将一张耶稣像挂在自己办公隔间的墙上,他当即就在她面前撕了下来。当时我感到十分震惊,因为此举无礼至极,在他身上极为少见。

然而彼时,他整个人已经有了很大变化。当我谈及将更多时间投入信仰之中,于我而言有多重要时,他的理解与包容给我留下了特别深刻的印象。在我说完之后，他静静地坐了一会儿，然后抬起头来看着我说："约翰，我明白了。虽然你我信念不同，但我尊重你的选择。"此言于我重如千钧。

在我起身准备离开时，乔布斯突然说道："你知道的，你最终会进入教育领域。"我不知道他是如何得出这个结论的，因为我们从未讨论过与教育相关的话题。"你这么认为吗？"我问。"当你进入教育领域时，记得将你在苹果公司所学到的一切，应用到这个领域之中，给教育领域带去深远的影响。"他说道。当时，我对他的此番言论感到十分困惑。但我知道，无论最终我将进入哪个领域，他的建议都是合理可靠的。然后，他再次从办公桌后面慢慢抬起头来，看着我说："还有，等你回来的时候，记得将你从别处学到的所有东西都带回来。"

即便在此时此刻，我也不知道当时乔布斯为什么会那么说。但他说得没错，因为事情的最终发展确实如他所言。后来我的确选择了在教育领域工作，并且后来当我重新回到苹果公司之后，我也的确将我在别处学到的经验应用到我的新职位之中。我的新职位不是别的，正是"教育副总裁"——乔布斯专门为我设立的一个全新职位。他不是在预测未来，他是在亲手创造未来！

在我离开之后，乔布斯仍然与我保持着联系，甚至他在离开苹果公司之后也联系了我几次，这令我感到开心。在那段时间里，我们共度了一些难忘的时刻，其中一次是他邀请我参加他的 30 岁生日派对。当时，他还邀请了传奇爵士歌手艾拉·菲茨杰拉德（Ella Fitzgerald），为来宾准备精彩绝伦的表演。我知道乔布斯一直对华特·迪士尼心怀钦佩之情，因此那一年我给他准备的礼物是一本由迪士尼公司出品的关于动画和创造力的书。事实证明，我的礼物略带讽刺意味。因为后来当迪士尼公司收购了乔布斯创立的皮克斯动画工作室时，他摇身一变，一下子成为迪士尼公司最大的股东。

用在苹果学到的一切改变学校

虽然乔布斯十分有先见之明，但彼时，我依然对离开苹果之后应何去何从毫无头绪。然而没过多久，一些有意思的机会出现了。最先是惠特尼和我一起组建了一家天使投资集团。随后，我向一家名为 Lightyear 的公司投资了 25 万美元，并以首席执行官的身份管理了该公司一小段时间。Lightyear 公司的主打产品是一款"高级电子表格"软件，用户能够通过该电子表格处理定性数据（即无法用数字定义的数据）。这款产品很有意思，许多媒体对我们进行了报道，我们甚至一度登上了《个人计算机杂志》（*PC Magazine*）的封面。然而，这款软件不能在苹果电脑上运行，自然也没有拉近乔布斯和我之间的距离。事实证明，Lightyear 于我而言是一个错误的开始，该公司最终破产了。然而，这是我首次尝试担任首席执行官这一角色，我从这次经历中学到了很多东西，尤其是如何更加谨慎地投资及分配时间！

Lightyear 破产之后，我发现自己再一次失去了方向。然而，这段经历还带给我一个意想不到的收获，不少人开始将我视为一位拥有管理经验的天使投资人。这两种身份的叠加，给我带来了前所未有的机会。但彼时的我觉得自己应逃离硅谷创业圈永无止境的诱惑，转而从其他领域中寻找机会。究竟应去往哪个领域，我并不知道。但我能够肯定的一件事是，我需要专注于离开苹果公司的初衷，即花更多时间去陪伴家人。那时，我和妻子在德尔马（DelMar）拥有一栋海滨别墅。每年夏天，她和孩子们都会去那里度假，我则留在硅谷埋头工作。我很少和他们共度那些时光，为此我感到很后悔。于是我下定决心，从现在开始，我将拿出尽可能多的时间去陪伴他们。

于是，我卖掉了在加州洛斯加托斯的房子，举家搬迁到了圣迭戈（San Diego）北部的郊区小镇兰乔圣菲（Rancho Santa Fe）。我终于可以将全部精力用于陪伴家人和追随信仰，并且我还有时间定期去教堂，这种感觉实在很好。那时，我时常向上帝祈祷，求他给我指明方向。上帝显然听到了我的心声，他赐予我撒玛利亚人的寓言，并告诉我既不要为过去担心，也不要为未来忧虑，而应把握当下、解决当下的问题。正是他指明的方向让我认识到，我的孩子们就读的圣达菲基督学校一直存在着相当棘手的问题。

在南加州安顿下来之后，我将两个年长的孩子送进了一所名为"圣达菲基督学校"的小型 K-12 私立学校。一天，我将孩子们送到学校之后，一位家长找到我，问我是否愿意加入学校董事会。我一直认为，作为父母，我有责任尽我所能去支持孩子们的教育，并且这个机会同样符合"解决当下的问题"的启示，因此我答应了他。

此次并非我首次涉足教育领域。我曾在加州大学伯克利分校担任过代理讲师，也曾在圣何塞州立大学教授过两门课程，还曾将 Apple Ⅱ 引入洛斯加托斯的圣玛丽学校，而苹果公司"孩子们不能再等"项目的灵感正源于此。所有这些经历让我对教育领域怀有一种特殊的感情，然而由于时间关系，我未能有所深入。即便如此，在答应加入圣达菲基督学校董事会之初，我依然认为我不会在董事会待太久。但我最终与学生和教职员工们建立起了深厚的感情。于是我改变了最初的计划，决定在董事会再待久一些。

第 8 章　用苹果的精神挑战教育领域

在加入董事会之后，我开始处理的第一项任务是，为该校撰写一份为期 5 年的商业计划书，以及后续两个 5 年的发展计划。在这个过程中，我了解到该校的情况有多糟糕。整所学校负债累累，债务高达 30 万美元，每月还在持续亏损 3 万美元，并且学校的场地租期只剩 30 天。得知这些后，我的第一反应是："天哪，我这是又选错了吗？我得赶紧离开这里，我可不想把自己毁在这堆烂摊子上。"未能救活 Lightyear 已经让我感到十分沮丧，我不想再次面对失败。再者，学校对于我的孩子们来说是如此重要，这更容不得我有半点闪失。尽管如此，我仍信守承诺。我似乎听见主在问："这一生之中，我已赐予你美满的家庭、在苹果公司工作的机会，以及足够的财力资源，如今你第一次无法看见隧道尽头的曙光，就要选择去做逃兵吗？"此言振聋发聩，使我下定决心要给上帝一个满意的答复，并全身心投入到重振学校的计划中去。

当我开始着手撰写圣达菲基督学校的初始商业计划书时，我发现该校最突出的一个问题在于领导层缺乏远见。在与乔布斯共事时，我最大的收获是，我发现他始终对苹果公司的发展有着清晰的愿景，并对公司存在的目的有着明确的认识。于是，我十分直白地告诉其他董事会成员："如果你们既不知道这所学校为什么存在，也不知道应带领学校往何处发展，那么我可以十分明确地告诉你们，学校绝对不会发展成你们理想中的样子。"随后，我在学校周围 16 千米的范围内开展了一项人口统计研究，并根据研究结果撰写了商业计划书。研究表明，住在学校附近的人中，有 60% 的人接受过高等教育。然而，圣达菲基督学校没有开设任何大学预修课程或荣誉课程，至今也没有任何一位毕业生被常春藤盟校录取过。我甚至打听到，许多家长宁愿送孩子去离家 16 千米外甚至更远的大学预备学校就读，也不愿选择离家更近的圣达菲基督学校。很明显，圣达菲基督学校的首要问题就在于它未能满足社区的需求。

虽然我本可以提议在招生时增设入学资格审核，并在入学考试中选拔成绩优秀并且天资聪颖的孩子，以将圣达菲基督学校办成一所大学预备学校，但这么做会令我于心不安。我是一个拥有坚定信仰的人，我知道自己必须完成上帝交给我的使命。他说："我希望你所建立的这所学校，能使我所有的孩子受益，而不仅仅是那些家境优渥的孩子。"由于肩负着这份特殊的使命，我无法对那些需要帮助的孩子视而不见。在我后来的人生当中，这份使命也一直伴随着我。

在接下来的10年里，我为圣达菲基督学校做了许多支持性的工作。其中包括帮助该校购买学校所在的4万平方米的土地，并使它完全摆脱负债状态。我还记得自己曾做过一个印象深刻的梦。梦中，我站在船上不断向水里的人扔救生圈。然后，我听到一番警告："总有一天，人们会抱怨你扔的救生圈不是他们喜欢的颜色。"在反复思考这个梦的含义之后，我认识到，圣达菲基督学校的领导层终有一天会将我的付出视为理所当然。当那一天来临时，我会选择离开并继续前行。因为我知道这意味着我已经完成了上帝在此处交给我的使命，需要去寻找另一个亟须解决的问题。

学校摆脱债务并成功购买土地之后，事情终于开始有所好转。后来，我认为学校应该为学生们建一个体育馆。在一次董事会会议上，我热情地向董事会成员阐述体育馆对孩子们健康发展的重要性，并建议学校应立即开始设计和建造。但财务委员会的负责人不同意我的看法，他坚持认为我们应先筹集足够的资金，再规划整个流程。我向他们保证，筹钱方面不会存在任何问题。但是，我们之间又出现了分歧，最终我的建议被否决了。那时，我才意识到，他们的确开始争论起救生圈的颜色了。于是，在学年结束时，我向董事会递交了辞呈。

那时候，每年冬天，我都会在家中为圣达菲基督学校董事会成员举办一场圣诞派对。为了保持这一传统，我决定在离开之前再办最后一场。在派对上，财务委员会的一位成员主动找我聊天，她曾在董事会会议上对建体育馆的提议持反对意见。她向我坦言："后来我仔细思考了你所提的建议，你是对的。再这样下去，主都帮不了我们。"随后我得知，财务委员会改变了主意，决定按我的建议，在筹集足够资金之前开始建造体育馆。在开始建造体育馆的几个月之内，资金就全部到位了。

苹果内部发生决裂

在圣达菲基督学校担任董事会成员期间，我一直密切关注着苹果公司发生的诸多变化，有些变化实在令我感到不妙。其中最为突出的一个变化是，苹果公司没有将足够的资金投入 Apple II 项目，这让沃兹尼亚克无比焦虑，最终成为他辞职的诱因之一。早在 1981 年，由于遭遇飞机事故，沃兹尼亚克在很长一段时间内无法工作。在他重归工作岗位之后，他失望地发现，虽然彼时 Apple II 仍是世界上最畅销的个人计算机，但是苹果公司却将资源从他的 Apple II 项目不断转移到有着严重缺陷的 Apple III 项目。多年之后历史重演，此次他发现苹果公司再度将资源从 Apple II 项目转移出去，这次转移给了 Macintosh。而当时虽然 Macintosh 已经上市，但 Apple II 依然占苹果公司整体销售额的近 85%。

这一次沃兹尼亚克感到十分沮丧，与其说是因为苹果公司将精力全都放在了 Macintosh 上，倒不如说是因为他认为自己的 Apple II 团队没有得到应得的荣誉和尊重。我对他感同身受，因为当初我的 Lisa 团队也面临着同样的处境。即便如此，沃兹尼亚克并没有向苹果公司的领导层据理力争，因为他知道自己肯定无法说服他们。因此，他将精力放在了一项新发明上。当时，他与一位同事共同设计了一款单键遥控器。然而，苹果公司对该设备毫无兴趣，这促使沃兹尼亚克提出了辞职，并进一步投身于新的事业中。

与此同时，乔布斯的情况也不太顺利。他和时任首席执行官斯卡利经常发生争执，这让许多人颇为诧异。我不禁想起，乔布斯曾经和斯卡利是多么亲密。自从那晚，乔布斯和我在纽约与斯卡利聊完之后，他们两人几乎形影不离。外界一致认为他们关系很好，1984年11月的《商业周刊》杂志甚至以二人合影作为封面，标题是《苹果公司活力二人组：他们决意与IBM一较高下》。然而彼时，他们之间的关系显然早已不复从前。乔布斯开始公开反对斯卡利的观点，这让斯卡利认为自己的权威受到了侵犯，导致两人之间的关系变得前所未有的紧张。

当苹果公司仍在继续推广Macintosh，希望使其成为消费者市场上最受欢迎的一款产品时，乔布斯和斯卡利之间出现了一个导致他们决裂的重要分歧。斯卡利开始认同沃兹尼亚克的观点，他认为苹果公司需要将更多资源放在给公司创造了大量收入的Apple Ⅱ上，而不应只专注于Macintosh项目。这种观点遭到了乔布斯的强烈反对。这些年来，乔布斯在Macintosh上倾注了自己全部的心血，根本无法接受公司将资源转移到另外一款计算机上的想法。

于是，乔布斯不再将斯卡利视为苹果公司的救星。两人之间的分歧日益严重，最终导致乔布斯试图夺回苹果公司的控制权，但未能成功。随后，他选择了辞职。这一切令他感到极为沮丧，以至于他立刻将他所持的苹果公司股票几乎全部抛售，只保留了1股。对于大多数人来说，这可不是一件小事。因为，在乔布斯离职前，他拥有苹果公司约11%的股份。这些股份在当时价值约为 1.3 亿美元，到 2021 年价值约为 660 亿美元。但对于乔布斯来说，这并不重要，坚持自己的原则才更为重要。

距《商业周刊》发表那篇文章还不到一年，各大报纸杂志已经纷纷转变口吻讲述两人的故事。1985 年 8 月的《财富》杂志以《乔布斯遭遇滑铁卢》为封面故事标题。1985 年 9 月《新闻周刊》的封面故事标题则更为夸张——《一个神童的陨落：苹果公司赶走董事长》。彼时，媒体将乔布斯离开苹果公司视为他的惨败。

当我以旁观者的角度了解这一切时，我感到十分失望。因为苹果公司赶走了一位极具创造力的真正的天才，更不用说他还是该公司的创始人。在我看来，苹果公司本可以受益于乔布斯的远见卓识，却没有这样做，这实在是一个极大的错误。至此，苹果公司两位创始人都离开了公司。随后，苹果公司很快进入了一个长达 12 年的衰退期，并走向了崩溃的边缘。与此同时，乔布斯创办了一家新的计算机公司 NeXT。这让他重新获得了对重大决策的完全控制权，也让他得以随心所欲地构建、设计和销售计算机。

第 9 章

回到硅谷的挑战中

MY LIFE AT APPLE

对我来说，革命性的变化更具吸引力。

——史蒂夫·乔布斯

第 9 章　回到硅谷的挑战中

我在圣达菲基督学校董事会足足待了 10 年之久，辞职之后，我发现自己又一次站在人生的十字路口，全然不知自己该何去何从。那时，我的孩子们都已长大成人。因此，对于在何处居住、做什么工作，我可以随心所欲地选择。我不会考虑退休，因为我已经捐出去了很多钱，而且已经 10 年没有拿过薪水了。再者，我本来就是一个热爱工作的人，每天无所事事对我来说简直就是浪费生命。那种生活不是美梦成真，更像是噩梦成真。

我离开苹果公司之后，马库拉曾两次邀请我回去。第一次，他派当时苹果公司的教育销售副总裁与我面谈。然而，这位副总裁似乎更关心自己的薪酬方案，而无意于采取任何具有冒险精神的举措。在我看来，苹果公司正是由于具有冒险精神才闯下如此天地，而他的关注重点难免令我感到扫兴，所以我礼貌地拒绝了那次邀请。第二次是新上任的首席执行官吉尔·阿梅里奥（Gil Amelio）来找我面谈。没聊多久，我就意识到我也不想在他手下工作。他显然不适合苹果公司，也永远无法理解公司独特的企业文化。苹果公司的领导层也很快意识到了这一点，他在苹果公司只待了一年半就离开了。而正是由于阿梅里奥对苹果公司的企业文化一无所知，最终使乔布斯重归苹果公司。这么看来，阿梅里奥在苹果公司任职期间也并非毫无功劳！这两次交谈使我确定，自己回归苹果公司的时机尚未成熟。整个苹果公司已经发生了巨变，不再是我曾熟悉和热爱的地方。当然我也从未完全放弃重回苹果公司的想法。

我开始不断思考未来应投身于何种领域，最终，我意识到自己十分怀念经营企业时应对种种挑战的感觉。于是，我决定回到硅谷，并将精力集中在企业投资上。刚开始，我通过梅菲尔德风险投资公司（Mayfield Fund）做了一些投资。梅菲尔德是一家著名的风险投资公司，专注于向处于发展初期以及成长阶段的企业进行投资，其中包括一些科技领域的知名企业，例如 3Com 公司、安进公司（Amgen）、闪迪公司（SanDisk）及康柏公司（Compaq）。随着时间的推移，我与梅菲尔德领导团队之间的关系越来越密切，最后我成为该公司的一名顾问。1997 年，我以"常驻执行官"的身份加入梅菲尔德风险投资公司，以内部顾问的身份到梅菲尔德投资的初创公司中开展工作。我的工作是帮助这些初创公司制订战略性商业计划，并通过提升管理层的领导力帮助创始人实现其愿景。早期，我通常需要兼顾几家企业。后来，梅菲尔德公司要求我将全部精力集中于一项重要投资。

一个无法拒绝的机会

1991 年，两位大有前途的企业家在加州奥克兰创立了 Pangea Systems 公司。该公司致力于向制药公司、生物技术公司和学术研究机构出售"企业软件解决方案"，并以生物信息学（bioinformatics）为重点研究领域。当时，我甚至都不会拼写这个新名词，更遑论理解其含义了。生物

第 9 章　回到硅谷的挑战中

信息学是一个新的科学领域，它通过综合利用计算机科学和生物学，采用软件工具和方法揭示大量而复杂的生物数据背后所蕴含的生物学奥秘。Pangea 公司具体研究的是与基因组学相关的数据，其商业模式是为研究人员提供可以用来搜索基因数据库的软件。

我对 Pangea 公司的两位联合创始人知之甚少，只知道他们既是工程师也是科学家，并且刚刚毕业于斯坦福大学。他们与普通人不太一样，具有一种介于怪人和天才之间的气质。后来，他们居然发明了一种专门产生气味的技术！我第一次见到他们时，他们一心只想将 Pangea 公司打造成行业巨头，可以与最大的两家竞争对手，即因赛特制药公司（Incyte Pharmaceuticals）和塞莱拉基因组公司（Celera Genomics）相抗衡。当时，Pangea 公司的主要业务是编写定制式软件，而定制式软件的最大问题是无法实现批量化生产和销售。在一次会议上，我指出了这一根本性的问题，并提了一些想法。会后，两位联合创始人对我的看法表示赞同，还问我是否愿意考虑出任该公司的首席执行官。当时我只是一笑置之，因为我几乎是一个对该行业一无所知的"门外汉"。即便他们不是在开玩笑，我敢肯定梅菲尔德的领导层也绝不可能同意这个提议。尽管如此，此言一出，我多少还是感到有些惊讶。

就在那个星期五的下午 4 点，Pangea 公司邀我参加董事会会议。与会人员中不仅有 Pangea 公司的两位联合创始人，还有一些来自投资公司的高管。Pangea 公司的主要投资方包括梅菲尔德和 Kleiner-Perkins 公司（KPCB），后者是一家十分知名、备受尊敬的风险投资公司。我落座时，Pangea 的时任首席执行官突然对我说："约翰，我们想给你一个机会。你想成为 Pangea 公司的首席执行官吗？"所有人都坐在会议桌周围，面带微笑，静静地看着我，似乎迫切想知道我的答案。几天之前还被我视为笑谈的疯狂提议突然变得不再好笑了。我甚至没有时间考虑清楚，这个提议对我而言究竟意味着什么，但他们显然是希望我能当场给出答复。

明确来讲，我对有机会涉足一个新的领域，并以首席执行官的身份管理一家前途光明的初创公司，感到非常兴奋，尤其是考虑到我已经离开企业管理层很久了。但是，我不愿意在一个我一无所知的行业担任这一职位。并且，Pangea公司离我住的地方有80多千米的路程，这意味着上下班高峰期时，我必须在堵成停车场一样的加州高速公路上来回通勤。鉴于这两个因素，我其实很想拒绝他们的提议。然而在硅谷，能否取得成功很大程度上取决于你的人际关系。如果你不小心惹恼了不该惹恼的人，往往会给你带来严重的后果。我面对的是一群有影响力且实力强大的人，他们已经在Pangea公司投入了大量的资金，此次提议无异于是在向我求助。如果我拒绝他们的话，无疑是十分冒险的。"当然，"我勉强地笑着说，"那太好了。"

当天晚上，我为自己的鲁莽而懊恼不已。我甚至没有要求考虑一两天再做答复，就答应了接任责任如此重大的职位。然而，事已至此，我知道自己已经没有退路了。那一整夜，我几乎都在研究生物信息学行业。黎明时分，我在办公桌前累得睡着了。几小时之后，我的手机突然响了，手机铃声将我从睡梦中惊醒。当时是星期六早上8点，我又困又累，简直连头都抬不起来。但如果有人在周末这个点给别人打电话，那么往往是有坏消息。所以，我很快接起来："喂？"一个欢快而熟悉的声音答道："嘿，约翰，我是乔布斯！"我们已经很长时间没有联系过了，所以接到他的电话我感到有些惊讶。他开门见山地说："我要回苹果公司了，我想请你跟我一起回去。"

我心想，这简直令人难以置信！在16个小时之前，我刚刚接受了

Pangea 公司的工作邀请，现在乔布斯又邀请我加入苹果公司。我深知，乔布斯的回归将给我挚爱的苹果公司带来重生。纵然我心里非常想答应他，但我已经答应了 Pangea 公司的创始人和投资者的请求，并承诺我会尽我所能来帮助这家公司实现目标。

我向乔布斯解释了这些情况，小心翼翼地拒绝了他。他虽然很失望，但依然对我信守承诺的态度表示尊重，并祝我一切顺利。"等你有空了，给我打电话。苹果公司随时欢迎你回来。"他说。接下来的那个星期，Pangea 公司的联合创始人得知乔布斯试图将我招回苹果公司，他们担心我可能会改变主意，于是提高了我的股票期权的股份数。

用愿景领导力模型攻克挑战

1997 年年初，我正式成为 Pangea 公司的首席执行官。彼时，我发现生物信息学对于改变生命科学行业而言，有着巨大的潜力，这令我迫不及待地想要开始工作。我知道自己的生物信息学知识存在不足，因此希望通过丰富的管理经验来予以弥补。我希望自己能够明确定义公司的愿景，并激励全体成员为之共同努力。这是我在苹果公司工作期间，从乔布斯身上学到的关键技能之一。事实上，不论是在苹果公司工作期间，还是在圣达菲基督学校任董事会成员期间，我都学到了很多技能和思考的方法，并获得一定的经验。后来，我将它们通通运用到 Pangea 公司的管理之中。

我在苹果公司学到了一个至关重要的理念，随后当我在圣达菲基督学校处理事务时，该理念也得到了强化。这个理念就是：每个人都拥有

学习的挑战　My Life at Apple

独特的天赋，那些最优秀的领导者往往能够通过帮助他人认识并充分利用自己独特的天赋来激励他们。该理念听起来并不新颖，但很多时候，即便是在今天，仍有一些经理、教师和董事会成员会毫无区别地对待他们的员工或学生。然而，世界上没有两个人是相同的，毫无区别地对待他们只会降低生产力，并扼杀他们的潜力。从我进入 Pangea 公司的第一天起，我就从一个更具科学性的角度看待他人，这让我再次确定了我们每个人都是不同的，不论是每个人的个性、才能，还是每个人的 DNA。乔布斯在苹果公司工作时，总为自己能够挖掘并培养员工独特的才能而感到自豪。如今，我也想在 Pangea 公司做到这些。

在苹果公司工作期间，我还从乔布斯身上看到了坚忍的品质、对关键事物的专注力、对市场的敏锐嗅觉和营销天赋，以及他极富远见的领导力。我希望将这些难能可贵的品质全都带到 Pangea 公司中来。

我甚至根据自己在苹果公司的经历，创建了一个领导力模型，并将其称为"愿景领导力"。该模型向领导者详细地阐述了应如何以合适的方式阐明愿景，应如何明确使命，以及如何激励员工进行创造性的思考。在苹果公司工作时，我曾利用该模型激励 Lisa 团队的成员。后来，当我在圣达菲基督学校扭转糟糕局面时，该模型同样发挥了关键的作用。"愿景领导力"模型的精简版如下。

- 愿景必须能够阐明使命。
- 它必须能够体现出战略方向的独特性。
- 它必须能够提升战略步骤中的创造力。
- 它使旅途中的人们成为合作伙伴，而不是竞争对手。
- 它使人们能够以不同的方式自由思考。

第9章 回到硅谷的挑战中

我正是以该模型为基础，带领 Pangea 公司向未来迈进。在此期间，我们想重新取一个更能体现出这些愿景的公司名，并最终决定将公司命名为"DoubleTwist"，指代 DNA 的双螺旋结构。DoubleTwist 公司还开发了一个独一无二的生物信息学平台，该平台能够更好地帮助科研人员和学生开展人类基因组序列分析。无论他们是学术研究人士，还是生物技术业内人士，我们都希望能够为他们提供支持，类似于苹果公司为新一代计算机用户提供的支持。改变世界的确令人兴奋，但绝非易事。

在接任首席执行官不久后，我就遇到了公司最为紧迫的挑战。当时，我需要解决如何在没有资源的情况下，获得一台超级计算机的使用权限的问题。因为公司需要一台超级计算机，来高效处理人类基因组中的数据。然而，作为一家初创公司，我们甚至都没有足够的资金租用一台，更不用说购买了。为了解决这个问题，我绞尽脑汁，想了各种方法。随后，我记起在苹果公司试运行硬件的经历。

当时，在进行计算机老化测试时，硬件工程师们会在计算机上运行软件长达 30 天。他们通过这种方式，测试硬件组件的可靠性。这使我联想到，我是不是也可以联系一家需要强大的软件开展此类测试的计算机公司，并询问他们是否愿意运行基因组软件进行老化测试。我觉得这个方法值得一试。我曾在苹果公司提出过一系列"创新标语"，其中之一是"靠创造力去解决问题，而不是靠钱"。如果上述方案行得通，那无疑是能够体现该标语的一个佳例。

肯·奥金是我的一位老朋友。在苹果公司时，他曾是我手下的一名硬件工程师。彼时，我听说他就职于 Sun 公司，这家大型科技公司每天都会进行计算机测试。于是我给奥金打电话，向他说明了我的想法，问他是否愿意在计算机老化测试时，使用 DoubleTwist 公司的软件。他回答说，他们大约有 100 台超级计算机，也很乐意使用我们的软件进行老化测试。他还说，因为生物信息学属于前沿科学，如此一来，他们也算是有机会参与其中了。他的答复令我无比激动。他给了我们一个独特的机会，不仅让我得以向我们公司的团队成员展示如何利用创造力解决问题，也让他们认识到建立、培养和利用关系的重要性。

拥有了超级计算机的使用权限，我们能够与更强大的竞争对手一较高下。一家原本几乎不为人知的初创公司，突然冒出来向行业巨头发出挑战，这无疑大大出乎了他们的意料。他们投资了数百万美元来进行自己公司的私人数据测序，也已经成功地将数据出售给了制药公司。但是现在，这个新冒出来的初创公司正在利用公共数据生成自己的数据库，从而绕过私人测序的成本。我甚至能想象到他们的首席执行官在会议桌前，向一群高管大声咆哮的样子："这些人到底是谁？"

DoubleTwist 公司开展的大部分工作要与人类基因组计划（Human Genome Project，HGP）的其他科学家合作。人类基因组计划是一项国际科学研究项目，该项目于 1990 年启动，其目标是确定组成人体基因的碱基对、绘制人类基因组图谱，并辨识其载有的基因及序列。这些工作十分复杂。等我回过神来的时候，我发现自己竟然与克雷格·文特尔（Craig Venter）、兰道尔·斯科特（Randell Scott）以及汉密尔顿·史密斯（Hamilton Smith）同在一个科学领域。文特尔不仅是塞莱拉基因组公司的创始人，还是一位传奇的生物化学家和遗传学家；斯科特是来自因赛特公司的行业大鳄；而史密斯不仅是一位备受尊敬的微生物学家，而且还是诺贝尔奖获得者。

DoubleTwist 公司以简单性为第一要旨。正如在苹果公司开发 Lisa 时那样，我同样为 DoubleTwist 的平台添加了图形用户界面，旨在让几乎所有的研究人员或科学家快速轻松地使用该平台。如此一来，任何人都可以通过我们的搜索代理软件，在基因库中搜索与自己的基因档案相匹配的基因资料，并确定他们是否适合通过基因疗法来治疗某些疾病。首先，我们整合了多个来源的数据，利用充当迷你搜索引擎的"代理"软件检索数据，从而使这种模式成为可能。然后，计算机从用户那里获得足够信息，再利用"代理"软件在互联网上搜索特定的基因模式，将它们与已知和未知序列进行比较。最后，代理软件会将得出的结果直接发送给用户。

从我了解基因分析的那一刻起，我就强烈地感觉到我们所做的工作既重要又迷人。但在刚刚加入 DoubleTwist 公司时，我不仅对这项技术一无所知，也对我们在其中扮演的角色毫无概念。在我刚刚开始对这一切稍微有所理解后，我意识到，我们必须找到一种方法来向记者、潜在投资者，以及所有生物信息学领域之外的人去解释我们在做什么。这是一门复杂的科学，如果我希望将其推向市场、为大众所接受，那么我必须能够以一种简单的方式阐述清楚我们所做的工作，以及这一工作如此重要的原因。

为了便于理解，我将我们公司比喻成"科学研究领域的雅虎"。我解释说，雅虎是一个存在于谷歌之前、曾广受欢迎的通用搜索引擎，人们可以通过雅虎在网上搜索新闻；而 DoubleTwist 是一个针对专门领域的搜索引擎，研究人员或科学家能够通过我们的软件，搜索专利、出版物和基因序列。另外，我们与雅虎之间还存在一个不同之处：雅虎为用户提供的是一种手动搜索的方式；而我们的搜索代理提供的是一种自动搜索并生成结果的方式，这在当时十分新颖。通过与雅虎进行类比，人们似乎对我们公司的业务有了更清晰的理解，这使得我们开始吸引投资者和媒体的关注。当时，在有关 DoubleTwist 公司的媒体报道中，影响力

学习的挑战　My Life at Apple

最大的一篇文章是 1999 年 9 月 20 日《纽约时报》发表的《浏览人类基因组，遗传密码数据库正在走向互联网》。这篇文章在当时极大地帮助人们更好地认识了 DoubleTwist 公司。

超前思考，而非只关注现状

苹果公司的董事会成员马库拉总是跟我们说，苹果公司并不是一家出售个人计算机的公司，而是一家帮人们实现某种生活方式的公司。他说得没错，因为不论是计算机，还是其他任何产品或服务，都需要靠人将它们推销出去。正是由于苹果公司营销团队的努力付出，并以那些有创造力和雄心勃勃的人为目标受众，用独特的品牌定位来吸引他们，苹果计算机才如此深入人心。其中，有一次营销活动影响力尤为重大，它清晰地展示了苹果公司的形象、理念及其目标受众，显著提高了苹果公司的品牌知名度。那次营销活动是乔布斯回归苹果公司之后亲自策划的，也是历史上最令人难忘、最具影响力的营销活动之一——苹果公司《非同凡"想"》系列广告的推出。数百万人因此而备受鼓舞，其中也包括我。该系列广告包含海报和电视广告，展示了许多极具创造力的天才。电视广告由演员理查德·德莱福斯（Richard Dreyfuss）配音，后来还赢得了艾美最佳商业广告奖和艾菲实效广告奖。广告语简单有力、直达人心。

向那些疯狂的家伙们致敬。他们特立独行，他们桀骜不驯，他们惹是生非，他们格格不入。他们用与众不同的眼光看待事物。他们不喜欢墨守成规，他们也不愿安于现状。你可以赞美他们，反对他们，颂扬或是诋毁他们，但唯独不能漠视他们，因为他们改变了一切。他们推动人类向前发展。或许他们是别人眼里的疯子，却是我们眼中的天才。因为只有那些疯狂到以为自己能够改变世界的人，才能真正地改变世界。

《非同凡"想"》传达的信息使我受到了启发，促使我在DoubleTwist公司中创造了一种独特的企业文化。该企业文化旨在鼓励所有人"超前思考"，而非只关注现状。在担任DoubleTwist公司首席执行官的第一年，我去美国东部参加了由基因组研究所（The Institute for Genomic Research，TIGR）主办的行业会议，该会议是业内备受尊重的知名会议。我在会议上的举措，正是践行"超前思考"的一个佳例。

以前在苹果公司时，我出席过一些大型高端活动，因此，此次当我前往会议现场时，我还在想象着：这个会议将在一个巨大的会议室里召开，会议室里摆满了令人惊叹的展览，众多天才科学家们马不停蹄地从一个展位去另一个展位参观。然而，现实并非如此。

当我开车驶入酒店的停车场时，我开始隐隐约约意识到自己之前的想法是错的。因为对于一个如此重大的活动来说，这家酒店的停车场似乎不够大。我以为自己走错了酒店，于是走进酒店，向一名工作人员确认。她告诉我，会议就在这家酒店举办，并将我带入一个小电梯。令我震惊的是，她居然按了"向下"的按钮。从一楼下行的话，就只有地下室了。没错，她正是要将我带往地下室。

我绝不是一个非要在豪华酒店参加会议的虚荣之人。然而此次会议在科学界的声势如此浩大，我以为它的排场会不小。在我看来，现实情况就好比苹果公司高调宣布即将推出一款新产品，却决定在某个拖车式活动房中举办发布会！走出电梯后，眼前的景象再次令我震惊。一张张海报展板前站着为数不多且不修边幅的科学家，这些海报展板看起来更像是来自某个高中科学展，而非一场专业会议。我立刻认识到，想让投资者和公众们更加重视基因组行业、更加重视 DoubleTwist 公司，我们还有很长的路要走。我暗暗对自己说，当务之急是采用苹果公司惯用的营销方式来加大宣传力度！

初创公司通常不会有大笔的营销预算，有些公司甚至根本没有。即便如此，我也必须采取行动了。于是，在第二次参加 TIGR 会议时，我带了许多盒小玩具分发给参展人员。每一个来我们展位的人都获得了一个弹起来时会发光的球。虽然这只是一个小把戏，但总归聊胜于无。第二年，我雇了一位与奥斯丁·鲍尔斯（Austin Powers）长相极为相似的演员，让他在展会上四处游走，并让他用最拿手的英国口音逢人便问："嘿，宝贝，你去看 DoubleTwist 公司的展出了吗？"第三年，我定制了一批穿着白大褂的大约 25 厘米高的科学家玩偶，将其分发给参展人员。我还聘请了几位身高 1.8 米左右的黑发演员，让他们作为我们的代理软件代表，穿着白大褂在展会中四处走动。早上会议刚开始时，我们安排了 2 位代表。随后，每过 2 小时，代表的数量会增加 1 倍，即从 2 位增加到 4 位，再到 8 位，以此类推。此类推广活动让那些参加会议的专业人士感到耳目一新。

在 2000 年 TIGR 会议的第一天，发生了一件很酷的事情，此事极大地提高了 DoubleTwist 公司的知名度。我绞尽脑汁，想让我们公司得到更多主流媒体的关注，突然想起一年前《纽约时报》曾写过一篇关于我们公司的文章。受此启发，我选择了主动出击，联系了《纽约时报》的记者安迪·波拉克（Andy Pollack）。在苹果公司推出 Lisa 时，他曾在卡莱尔酒店采访过我。我用简单直白的语言向他解释了基因组研究（尤其

第 9 章　回到硅谷的挑战中

是生物信息学）所蕴含的巨大潜力，讲述了 DoubleTwist 公司开展的一系列创新研究，并引用了《纽约时报》之前发表过的一篇文章，来增强可信度。此举显然奏效了，波拉克对我进行了详细的采访。于是，《纽约时报》于 2000 年 5 月 9 日再次刊登了关于 DoubleTwist 公司的文章，标题为《公共数据中识别出 105 000 个基因》。文章发表当天，我在 TIGR 会议上利用这篇文章进行宣传，真正使这篇文章发挥了巨大作用。

我很幸运，在那年 TIGR 会议的第一天，《纽约时报》关于 DoubleTwist 公司的文章恰巧就发表在当天报纸的头版上。得知此事，我购买了数百份当天的报纸，有策略地摆放在 TIGR 会议厅内显眼的位置。只要参会者走进展厅，就可以拿起一份免费的《纽约时报》来读。当他们打开报纸，这篇文章就会赫然出现在他们眼前。

虽然有些人可能认为这些营销策略不过是简单的伎俩，但它们的效果显然不错。因为在《纽约时报》的 120 万名读者读过关于我们公司的第二篇文章之后，不论是行业内还是行业外的人，都开始谈论 DoubleTwist 公司。我们获得了不同渠道的媒体的大量关注，客户量也大增，其中包括默克集团、罗氏集团和日立集团等主要行业巨头。同时，我们还筹集了 7 500 多万美元的资金。公司的状况似乎比以往任何时候都好。在付出多番努力之后，我以为自己即将经历人生中的第二次 IPO，然而令我始料未及的是，等待着我的是一重又一重的巨大危机。

重回苹果的契机

事后来看，我曾经非常幸运，在完美的时间节点上加入了苹果公司。当时个人计算机革命正在开始，每个人都渴望参与其中。然而，这一次我就没有那么幸运了。2000年5月，《纽约时报》发表了关于DoubleTwist公司的文章，又恰逢业界举办TIGR会议，基因组行业一时风头无两。在后来的4个月中，DoubleTwist公司一直是人们口中的热门话题。2001年9月11日，纽约世贸中心突然遭到恐怖分子袭击。这一悲惨事件的发生，不仅让人们将注意力从其他一切事物（包括基因组行业）上移开，还导致各大证券交易所停止交易，使得大多数公司上市的希望落空。然而，世贸中心遇袭并非问题的全部。当时，还有其他多种迹象表明，公司即将面临严峻的挑战。

事实上，在我担任首席执行官尚未满一年时，许多问题就已经初露端倪。从1997年秋开始，金融危机导致全球股市暴跌，美国步入经济衰退期。几年之后，"互联网泡沫"破裂，数以千计的互联网初创公司市值下跌，甚至破产。因为一旦投资者意识到商业模式存在问题，他们就开始撤资。

刚开始，投资者只是不愿意再投资互联网公司，最终发展成不愿意投资所有以科技为基础的初创公司。这导致许多初创公司在一夜之间市值暴跌，其中不少公司因此倒闭。本来DoubleTwist公司所处的境况就已经很糟糕了，可屋漏偏逢连夜雨，我个人正经历生命中最为难熬的一段时期。就在那时，我妻子决定与我离婚。不论是从精神层面、情感层面还是身体层面，此事都给我带来了巨大的打击。我在DoubleTwist公司工作的4年时间里，可谓祸不单行。虽然在接受这份工作之前，我应该对这类迹象有所察觉，但我没有想到事情会发展到如此糟糕的地步。DoubleTwist公司在遭受重创之后，一蹶不振，最终被日立集团低价收购。2002年初，我辞去了DoubleTwist公司首席执行官的职务。

第 9 章 回到硅谷的挑战中

我相信，在我任职期间，我们在 DoubleTwist 公司开展的工作是有价值的，并且对许多人及生命科学行业的未来产生了积极的影响。我们的创新算法和技术使用，最终成为生物信息学领域和大型基因检测公司（例如 23andMe 和 Ancestry.com）各种业务模式的先驱。这些算法和技术还为 CRISPR 等高度复杂的技术铺平了道路。CRISPR 指的是原核生物基因组内的一段重复序列，现在正被用于纠正遗传缺陷、治疗疾病并预防疾病的传播。

离开 DoubleTwist 公司之后，我发现自己再次处于不知何去何从的境地。一次次陷入这种境地，我甚至都有点习以为常了。随后，在 2002 年 3 月，我回想起之前与乔布斯的那通电话。他在电话里说，让我有空的时候给他打电话。在那时，他已经扭转了苹果公司的局面，即将带领苹果公司在现代商业史上再次书写伟大篇章。按他的要求，我给他打了电话。得知我辞去了 DoubleTwist 公司的职务，他感到很高兴。我们聊了一会儿，然后他问了一句对我而言仿若天籁的话："准备好回家了吗？"此前，我已数次拒绝重回苹果公司的机会。因为乔布斯离开的那段时间里，苹果公司一直陷于传统企业文化泥潭。但如今，乔布斯重新掌权，我知道那一切已经成为历史。"海军"被赶走了，"海盗"重新掌舵。而这些年，我一直站在局外，以旁观者的角度观察着这一切，已经够久了。

"准备好了。"我告诉他。"太好了！我需要将公司整理一番，再告诉你担任什么职位。"他说，"你能回来，我很高兴。"种种不顺已经过去，我已踏上回家之路，这正是与家人共创未来的好时候。

第 10 章

回归苹果，
创造教育的未来

MY LIFE
AT
APPLE

我们正在创造未来。

——史蒂夫·乔布斯

第 10 章　回归苹果，创造教育的未来

乔布斯在电话里告诉我，让我来公司见见团队的其他成员。在抵达苹果公司总部时，我难掩兴奋，但也有些紧张。我离开苹果公司已经长达 17 年之久，从诸多层面上来讲，如今的苹果都早已不是我熟悉的模样，曾与我共事过的人绝大多数已经离开了。而且，我比苹果公司如今大多数员工都要年长许多，这些年轻人会将我视为一个经验丰富的老手，还是把我看作一个与现代技术脱节的人？令我更加焦虑的是，乔布斯尚未告诉我在苹果公司将担任什么职位，接受何种挑战。之前，我在苹果公司的任务十分清楚，即"打造一款革命性的个人计算机"，然而这一次，我并不知道他会给我安排什么任务。这还是我第一次在不清楚工作职责之前，就接受了工作邀请！

在我抵达苹果公司总部大约 20 分钟后，乔布斯出来了，他面带微笑、张开双臂迎接我："欢迎回家，约翰。"我焦躁不安的心情立马平静下来。我告诉他："能够回来，我也很高兴。"我们穿过大厅时，他说："我们正再次改变世界，我需要与我信任的人携手共进。我不需要那些只会附和我的应声虫，我需要像你这样有真才实干的人，在我犯错的时候站出来，指出我的错误。"虽然以前他也曾对我说过类似的话，但这么

149

多年过去了，如今再次听到这番话，对我来说仍然意义重大。我们继续在大厅中穿行，这些大厅甚至比1978年时我们的整个办公室还大。苹果公司已经今非昔比，但令我感到欣慰的是，乔布斯还是那个我熟悉的乔布斯。"我先带你四处看看，然后介绍你和团队成员认识一下。"他说。

那天，我几乎一整天都在面试。我会见了苹果公司的产品营销部门副总裁菲尔·席勒（Phil Schiller）、首席财务官弗雷德·安德森（Fred Anderson）、首席运营官蒂姆·库克（Tim Cook）和其他高层管理人员。每个人都彬彬有礼、能力出众，并且对苹果公司保持着高度一致的清晰愿景。面试期间，我没有感受到任何压力。因为乔布斯已经下定决心让我回来工作，这些面试更大程度上是让我们彼此认识，而非对我进行评价。

面试结束后，我去办公室见了乔布斯，告诉他一切都很顺利。然后，我说："我不知道你想给我安排什么工作，这让我有点焦虑。"他若有所思地向后靠在椅子上，说道："作为一名前苹果公司高管，你已经有了很高的知名度。此次回来你当然还是担任高层管理职位，但我还没有决定安排你负责应用程序，还是负责教育业务。"我松了口气，因为现在至少我对他的安排有了一个大致的了解，这让我立刻感到心安了不少。"等我厘清头绪、做些调整之后，就会立刻决定。"他说。作为一名资深经理和软件工程师，管理应用程序团队对我而言不在话下；我在圣达菲基督学校董事会足足工作了10年之久，我知道自己同样能够轻松胜任教育领域的职位。无论最终我将担任什么职位，能够重回苹果公司足以令我欣喜万分。

于是，2002年4月3日，在55岁的时候，我再次回到苹果公司，与乔布斯并肩前行。

第 10 章　回归苹果，创造教育的未来

接手苦苦挣扎的教育业务

正式上班的第一天，我收到了员工卡，卡上印有我原来的员工编号，公司还给我安排了一间办公室，就在席勒的办公室的隔壁。在接下来的几个月里，我的主要任务就是深入理解苹果公司新的企业文化，认清其优势和劣势，以及明确公司的发展方向。在了解苹果公司的大致情况后，我开始对乔布斯考虑让我负责的两个领域展开深入研究。

我首先研究的是应用程序部门。我注意到一些有待改进的地方，但整体而言，该部门的状态相当不错。我心想，如果乔布斯决定让我负责这个部门，那可就太轻松了。只要稍微进行调整和优化，这个部门基本上就能实现自我运行了。除非乔布斯为应用程序部门规划了一个全新的方向，否则负责这个部门实在轻而易举。接着我开始研究苹果公司的教育部门，得到的结论是：教育部门简直就是一团糟！如果不大刀阔斧地实行改革，部门里的种种问题根本无法解决。

我了解到的第一件事是，截至 2002 年，苹果公司教育业务的营收连续 8 年下滑。这些年来，苹果公司的销售和营销团队已经变得精明无比、实力超强，我简直无法理解，教育业务的营收情况为何会如此糟糕。我意识到，教育似乎是公司未经周密考虑就匆匆涉足的业务领域。最明显的一点，教育部门根本就不是一个部门，而是由风格完全不同的两支团队组成。该部门并没有负责统一管理销售团队和营销团队的教育部门副总裁，而是分别设有一位教育销售副总裁和一位教育营销副总裁。这两位副总裁不仅不在同一个地方办公，他们的管理风格、工作安排、所持愿景也截然不同。并且，他们二人的愿景也未与乔布斯的整体愿景保持一致。这两位副总裁互不关心、极少沟通，他们对彼此的工作内容一无

所知。更糟糕的是，他们分别有着各自的直属上司。教育营销副总裁的直属上司是席勒，而教育销售副总裁的直属上司是库克。这么看来，苹果公司会在教育市场苦苦挣扎也就不足为怪了！

那年夏季，我已经清楚地认识到，单从领导层的组织结构而言，教育部门需要解决的问题要比应用程序部门棘手得多。6月的第一周，乔布斯把我叫到他办公室。我还没来得及坐下，他就微笑着站了起来，对我说道："约翰，我已经拿定主意了。我想让你负责管理苹果公司的教育部门。"不知何故，我似乎早有预感他会这么决定。他向我坦白："说实话，我不知道问题出在营销团队还是销售团队。"我笑道："不用说，绝对是两者兼而有之！"然后，他将手搭在我肩膀上，说道："你一定得解决这些问题，否则苹果公司只能退出教育领域了。"于是，我正式成为苹果公司第一任教育副总裁。第二天，乔布斯向公司全体员工发送了一封电子邮件。

发件人：史蒂夫·乔布斯 <sjobs@apple.com>
主题：新教育事业部
日期：2002年6月6日 美国中部时间上午 11:43:08
收件人：apple_employees$@group.apple.com
回复：response@apple.com

25年来，在将技术应用于教育领域方面，苹果公司一直处于领先地位。教育市场是苹果公司不可或缺的一部分。与大多数市场一样，教育市场的竞争十分激烈。我们将继续通过开发新产品将创新带入教育领域（例如 eMac、Xserve、Mac OS X 和 Remote Desktop 等）。同时，我们也认识到，我们需要增强教育市场中销售团队和营销团队的凝聚力，从而提高我们对市

第 10 章　回归苹果，创造教育的未来

场的响应能力。学生、教师、教育领域的管理人员以及家长都是我们的客户，为了更好地为他们提供服务，现在我们需要将教育市场中的销售团队和营销团队合二为一，合并成一个拥有 750 多名员工的教育事业部。

在此，我很高兴地向大家宣布，苹果公司前副总裁兼总经理约翰·库奇将回到公司，担任新教育部门的副总裁。由吉姆·马歇尔（Jim Marshall）负责的教育销售团队和教育营销团队向库奇汇报工作；库奇向蒂姆·库克汇报工作。库奇不仅是苹果公司成立之初负责软件部门的高管，还曾担任一所私立学校的董事会成员和一家生命科学公司的首席执行官。我相信，库奇多年来在教育领域的丰富管理经验，定能在这个新的岗位中得到充分运用。让我们一起对库奇重回苹果公司表示热烈欢迎。

史蒂夫·乔布斯

作为苹果公司教育部门新任主管，我面临的主要挑战不仅仅是阻止教育业务销售额的下滑，还包括大力发展教育业务，并恢复公司在教育市场上的主导地位。当初在我离开时，苹果公司在教育市场上大约占据了 80% 以上的市场份额，而如今已经下滑至不到 10%。我面临的更大的挑战是，虽然公司专门为我提供了一个全新的职位，但这也意味着我无法依赖任何指导手册来开展工作。由于没有现成的经验，我只有自己尝试之后，才能知道哪些方式有效、哪些方式无效。我只能自己摸索着前行。这当然并非易事，不过话又说回来，在苹果公司几乎没有哪项任务是容易解决的。就在我担任教育副总裁的第一周，负责 iPod 项目的同事格雷格·乔斯维亚克（Greg Josyiak）拍了拍我的肩膀，对我说道："你现在肩负着公司最艰难的任务，祝你好运。"

排除人事上的阻碍

在几个亟须处理的关键问题中，最为紧迫的任务是解决销售团队存在的问题。于是，我开始深入研究教育部门的销售问题。不久，乔布斯对我说："我觉得你会在一年内解雇你们部门的销售副总裁。"当时，我对自己的"愿景领导力"模型很有信心，认为我能以此来激励人们为共同愿景而努力。因此，我对乔布斯的说法持怀疑态度。而且早些年间在苹果公司工作时，我也仅仅解雇过两位员工；在 DoubleTwist 公司任首席执行官时，我没有解雇过任何人。所以，我认为自己肯定能和吉姆携手共进。同时，我还听说他和首席运营官库克关系很好，库克曾是他的直属上司，这无疑让我更加相信，我能处理好和他的关系。

吉姆担任苹果公司的教育销售副总裁已有多年。但不知何故，他选择将销售团队的工作地点设在佐治亚州的亚特兰大，而不是像所有其他副总裁一样将工作地点设在丘珀蒂诺。在我担任苹果公司新教育部门副总裁时，他已经打造了一支庞大的销售团队。在丘珀蒂诺工作的员工们将那些在亚特兰大的销售团队成员称为"FOJ"，即"吉姆之友"（Friends of Jim）。人们提起吉姆时，似乎会称他为一位将军，而非一名副总裁。当时，我认为他们的描述太夸张了。然而，在我真正见到他时，我才知道自己错了。

上任不久，我飞往亚特兰大去见吉姆和"吉姆之友"，并想了解清楚教育部门为什么要在亚特兰大设一个驻地办事处。刚到办事处，我立马就明白了为何其他人会把吉姆描述得那么夸张，因为他的确令人生畏。他身材魁梧，不论是从形态体貌还是从动作姿势上来看，都像是好莱坞战争电影中某位说一不二的将军。毫不夸张地说，他极度自信，他的铁

第10章 回归苹果，创造教育的未来

腕作风公司上下无人不知。并且，他手下的员工们也对他忠心耿耿。

我第一次去他们的驻地办事处时，我看到吉姆像一个四星上将一样在办公室里大步走动。他来回巡视着手下"士兵们"的一举一动，大声地发号施令，牢牢掌控着部门的大小事项。然而，销售团队问题的根源并不在于他的管理风格，而在于他打造的团队文化与乔布斯多年来培育的企业文化截然不同。一时间，我觉得自己似乎置身于IBM公司，而非苹果公司。吉姆手底下的员工大多是一些重视集体的"程序员"。吉姆建立的是一个提供信息技术服务的销售组织，他的团队并没有让消费者认识到，苹果公司的现有产品能够帮助他们提高学习能力。他的销售理念是以产品的功能（即产品技术方面的细节）为重心，而不是以产品带来的好处（即产品对于消费者十分重要的原因）为重心。这正是销售理念中经典的"该产品究竟是什么"和"为什么销售该产品"之争，而事实已经反复证明，将重心放在后者才是更佳选择。

与吉姆手下的员工们深入沟通后，我越发意识到他们的工作主要是为信息技术部门提供服务，并不是销售更多能够提高学习效率的产品。他们中的大多数人虽然懂销售，但对教育知之甚少，我认为这也是一个问题。然而令人感到欣慰的是，有位员工是个例外。当时，迈克·索恩伯里（Mike Thornberry）担任吉姆手下的销售运营总监一职。他是一名资深苹果员工，拥有不少好想法。可惜的是，吉姆通常对这些想法不予理会。在吉姆看来，他应该像其他人那样，只要服从命令，无须提出想法。这让我想起了战争电影《魔鬼女大兵》（G. I. Jane）里的一句台词："如果我想要你的意见，我会告诉你怎么说。"

在驻地办事处没待多久，我就已经清楚地认识到，苹果公司在教育市场上存在的销售问题，其根源主要来自吉姆一手打造并严格控制的办

学习的挑战　My Life at Apple

公室文化。将销售团队的办公地点设在亚特兰大而非丘珀蒂诺，使该问题变得更加严重。地理因素导致销售团队的新员工要么对苹果公司的企业文化一无所知，要么是提出新想法后直接被无视。然而，文化不一致并不是唯一的问题。

事实证明，吉姆一直在带领团队开发和销售他们私自开发的应用程序。但乔布斯已经明确表示，所有的苹果软件都必须由苹果官方软件工程团队进行开发、测试和批准，方可向外出售。乔布斯之所以不允许驻地办事处私自进行软件开发，主要是为了确保苹果计算机不出现软件漏洞、病毒，以及不兼容等问题。因为他知道，软件方面只要出了一次问题，公司精心打造的品牌形象就会受损。然而，吉姆似乎对此并不在意。虽然乔布斯明令禁止这么做，但"吉姆之友"依然完全遵照吉姆的命令，私自开发了教育应用程序。并且，他们对私自开发应用程序一事毫不掩饰，甚至向我展示了他们开发的一款软件包，他们还在向客户积极推销这款软件包。我耳闻目睹了许多明显违反苹果公司管理条例的事，这已然让我明白为什么吉姆会在离乔布斯和丘珀蒂诺4 000多千米的亚特兰大设立一个驻地办事处。

我知道，相较于改变办公室文化，私下进行软件开发的问题显然更容易解决。因此，我决定先重点解决这一问题。于是，我坐在吉姆办公室里向他说明了当前的情况，并针对如何在苹果公司的教育目标范围内取得更好的销售业绩提出了一些建议。但是，他既没有对我表示感谢，也没有与我合作的意图，只是茫然地盯着我，好像我说这番话是在浪费他的时间。每当我停下来试图得到一些回应时，他只会点点头说"嗯，好的""我明白了""没错，当然"。当人们在等待某个讨厌的推销员闭嘴离开时，有些人可能会做出类似的反应。吉姆不习惯别人告诉他应如何行事，更不用说对方还只是个新任命的副总裁。在他看来，我和那些试

第 10 章　回归苹果，创造教育的未来

图在街区里树立权威的新来的小毛孩没有多大差别。

在返回加州的航班上，我不停地想着亚特兰大办事处的情况。我知道吉姆是个极难对付的人，如果我连说服他不要再私自开发、销售软件和服务都做不到，那让他去改变整个办公室文化的可能性几乎为零。乔布斯曾说，我将在一年之内解雇吉姆，我开始觉得这个预言可能会成真。虽然我的"愿景领导力"模型在之前的工作中取得了不错的成绩，但现在我还无法利用该模型来说服一个固执的副总裁去重新思考和重建他们团队的整个文化，尤其是这位副总裁因与首席运营官私交甚深而有恃无恐。

回到丘珀蒂诺的几天后，库克让我为即将到来的业务回顾会议准备一份关于教育市场的演示报告。由于刚上任不久，我掌握的销售数据不足以准备一份完整的演示报告，所以我需要吉姆协助我完成报告。另外，我听说他在演讲陈述方面十分出色，是个天生的表演家。在之前的会议上，他曾因精彩绝伦的演讲陈述获得过极高的赞誉，那次演讲中甚至还包括炸毁竞争对手的计算机这类疯狂的说法。我希望吉姆能和我一起做这次演讲，这或许还会成为我们之间构建良好关系的契机。如此一来，让他了解并追随乔布斯对苹果公司的愿景也将变得更加容易。于是，我打电话给吉姆，让他来加州和我一起做演讲，还让他将最新的销售数据和未来预估的销售数据发给我。他满口答应下来，这让我以为一切都在往好的方向发展。

但是，在接下来的一整周里，甚至到距离业务回顾会议不到 24 小时的时候，我都没有收到来自吉姆的任何消息。他既不接电话，也没有给我发送任何销售数据、预估数据、目标或任何其他相关信息。不出预料，当我联系他手下的"吉姆之友"时，他们声称自己什么都不知道，让我

157

直接联系吉姆。当晚，我一整晚都待在会议室，通宵准备战略会议中需要使用的演示报告，但我依然缺乏很多关键的销售数据。我不知道吉姆是否已经从亚特兰大赶过来，甚至也不确定他是否会来。于是，我决定给索恩伯里打电话，向他寻求帮助。索恩伯里甚至不知道销售部需要向公司进行业务回顾，吉姆连提都没提。索恩伯里手头没有我所需的全部数据，但他答应帮我。第二天，索恩伯里加入进来，我们一整天都在试图填补销售信息中的空白，在吉姆缺席的情况下尽我们所能做好准备。那天，我们一直忙到了午夜时分。

第二天一早，业务回顾会议开始了。当大家陆续落座的时候，吉姆漫不经心、大摇大摆地走了进来，脸上挂着一副对任何事情都毫不在意的神情。他身为苹果公司教育部门的销售副总裁，却没有提供任何销售数据或销售预测方案。整个会议期间，他只是靠在椅子上，静静地看着。虽然我和索恩伯里没有掌握足够的数据，晚上也没有得到充分的休息，但轮到教育部门发言时，我和索恩伯里依然尽全力完成了演示。那次会议进行得还算顺利，但我们的演示自然未能达到我为自己设定的标准。尤其考虑到那次会议是我第一次直接向库克汇报工作，我本应给他留下一个更深刻的印象。经此一事，我实在受够了吉姆，再次意识到乔布斯预料得分毫不差。

"我要做些人事变动，我要解雇吉姆。"会议结束后的第二天，我告诉库克。我知道，库克不仅将吉姆招进公司，而且多年以来一直支持他；但我也知道，如果吉姆不听劝阻，执意要在亚特兰大管理自己的部门和产品开发团队，那么我在教育部门的工作将无法开展。

"你确定吗？"库克说道，"吉姆在公司颇有威望，而且上次'前100强'会议上他还获得了满堂彩。""我确定！"我坚持道。库克思考

第 10 章　回归苹果，创造教育的未来

了一会儿，让我回去考虑一晚，过一天再做决定。当晚，我反复思考这个决定。一想到吉姆如此目中无人、有恃无恐，我就感到愤怒无比，这令我几乎无法入睡。第二天，我踏入库克的办公室，再次明确了我的决定。他沉默着思索了一会儿，然后说道："好吧。"

由于吉姆还在丘珀蒂诺，于是我将他喊到我的办公室，并告诉了他这个决定。我还向他解释了公司解雇他的具体原因。当我解释完后，他一言不发，只是坐在那里看着我。我等他给我答复，像是等了一个世纪。最后，吉姆直截了当地冲我喊道："没门儿。"面对这种反应，我一时不知道该怎么办。在我看来，他要么是拒绝接受我所做的决定，要么是在直接挑战我的权威。

"我真的很抱歉。"我告诉他。他气到七窍生烟。"你哪里抱歉！让我们看看库克对此有什么看法。"他气冲冲地冲出我的办公室，说道。

要知道，当时即便是在苹果公司的总部丘珀蒂诺，吉姆的影响力也不容小觑。考虑到库克不愿意解雇吉姆，并且两人多年以来私交甚深，我并不确定接下来事情将会如何发展。那时，吉姆与库克的关系的确比我与库克的关系要好。早些年间，当库克还是一位运营专家时，吉姆在销售方面给他提供了很多帮助。每当吉姆有了新的想法，要求公司提供更多资金时，库克很少会拒绝他的要求。正是由于他们两人之间的关系如此密切，吉姆现在才将这种关系搬出来压制我。令人惊讶的是，乔布斯和我认识的其他副总裁都没有站出来支持我的决定。庆幸的是，库克选择支持我的决定，解雇了吉姆。刚开始，我还担心解雇吉姆之举会惹恼一些同事，但很快这种担心就烟消云散了。因为就在吉姆离开公司后不久，一些副总裁私下告诉我，我的决定是对的。

159

学习的挑战　My Life at Apple

　　吉姆离开公司之后，我以为一直与吉姆意见不合的教育营销副总裁会为此感到高兴，因为她终于可以和接任这一职位的人合作了。但当我告诉她这个消息时，她告诉了我一个令我震惊的消息。早在2001年3月，她在获得乔布斯的许可之后向外界宣布，苹果公司即将收购PowerSchool公司。该公司是一家领先的软件提供商，专为K-12学校和学区提供基于web的学生信息管理系统。但在收购之后，在几个大型学校和学区安装软件时，出现了大量的可扩展性问题。乔布斯想要一个得力干将去处理这个问题，就让她去解决。她告诉我，乔布斯是这么对她说的："是你说服我购买PowerSchool公司的，现在你得去负责运营，解决问题。"

　　这对她来说是一个很好的机会。但对我来说，这意味着一夜之间，教育部门出现了两个需要尽快填补的职位空缺，即销售副总裁和营销副总裁。更糟糕的是，在一个月之后举行的"前100强"会议上，我还需要陈述针对整个教育市场的应对策略。幸运的是，我虽然缺少两位副总裁，却仍有一些得力干将可以依靠。其中包括市场营销部的保罗·帕帕乔治（Paul Papageorge）、财务部的比尔·萨瑟兰德（Bill Sutherland），以及吉姆团队中的销售运营总监迈克·索恩伯里。当时，他们给予我的帮助和支持，是我早期能获得成功的重要原因。

找准教育技术开发的重点——学习能力的提升

　　那时，大多数大公司按部门进行组织划分，并由部门领导负责管理。通常来说，部门领导会将时间和精力集中于本部门的产品上。但这种组织结构，会导致各部门经理没有时间和动力，去了解公司其他部门的运作情况。这种缺乏沟通的状态不仅会使各个部门各自运作，还会使各部门经理无法知晓整个公司的运作状况，因此在很多问题上无法达成共识。乔布斯一直极力避免这种整个公司范围内缺乏沟通的状态。为了确保高管能够在重要问题上达成一致，乔布斯决定每年举办一次高管静修会，并将该会议称为"前100强"会议。会议的参与者由乔布斯亲自决定。通常来说，乔布斯会邀请他心目中苹果公司的最佳领导者们来参会，而与会人员大都在实现乔布斯的愿景上做得十分出色。在该会议中，一些高管需要介绍他们负责的产品的现状和未来的发展方向。

乔布斯举办的"前100强"会议之所以与众不同，是因为在其他会议上我们通常汇报的是过去的成绩和当前的状况，而"前100强"会议的重点在于产品或服务的未来发展方向。乔布斯认为，作为一个整体，所有人都必须认清苹果公司的发展方向。如此一来，我们才能更好地使产品方向与公司的整体愿景保持一致。包括"前100强"会议在内，乔布斯组织的一切会议，都有一个非常明确的目的。从我认识他起，他一直认为大多数会议都是在浪费时间，不喜欢某些高管甚至为了安排其他会议而开会！

在后来的14年里，我每年都会受邀出席苹果公司的"前100强"会议。然而，彼时的当务之急是，我需要在第一次会议中取得良好的效果。在解决日常战术性问题的同时，我还需针对"苹果公司在未来教育中应扮演何种角色"为主题准备一场演讲。对我而言，这并非易事。尤其这次会议的目标是创造未来，而非预测未来，对我来说，这无疑难上加难。另外，我演讲时面对的听众还是公司前100强员工，我绝对不能犯错，这更让我感到压力巨大。销售副总裁和营销副总裁都已缺位，我能提供的定量数据资料极为有限。即便时间紧迫、困难重重，我还是顺利向大家分享了我的整体愿景，即未来教育的发展方向，以及苹果公司需要做些什么才能引领未来教育。

在演讲中,我指出,公司的教育部门和竞争对手在开发教育产品时都走反了方向。我解释说,到目前为止,苹果公司一直都是先开发产品,然后试图在教育市场上找到合适的定位去销售此类产品。而我认为,如果想在教育业务上做得更好,我们需要更好地了解每个利益相关者,包括教学管理人员、教师、学生和家长面临的问题,并以满足他们的需求为目标来打造我们的产品。换言之,我们不应先设计和构建解决方案,然后寻找这类方案能够解决的问题;反过来,我们需要先确定在教育方面需要解决的问题,然后依此来设计和构建能够解决这些问题的产品。我指出,苹果公司要想提高在教育市场的市场份额和销售额,就必须将重点转移到提高学习能力上,而不是将重点放在推销各种教育产品上。大家都对我的说法表示赞同。正如我所料,在我们开始将重点放在提高学习能力上之后,销售额开始提升了。

几年之后发生的一件事是该理念的最佳例证。当时 iPad 刚发布不久,我去加拿大多伦多的一所公立学校做了一次演讲。演讲之后,该校的督学走过来对我说:"你们是第一家与我们探讨如何提高学习能力的公司,其他公司都只是想卖出他们的产品。"随后,我们就学习过程聊了很多。其间,她对我说:"我现在面临的一大难题,就是很多小学高学段学生无法自主阅读。你能再为我们幼儿园和一年级的老师做一次演讲吗?"两周之后,我为他们做了一次演讲,她再次向老师们介绍了我。她这次介绍我时,并没有提及我苹果公司副总裁的身份,而是介绍我是一个真正关心学习的人。当在场的 1 000 多名教师都举起 iPad 朝我大声欢呼时,我又惊又喜。事实证明,苹果公司能够将产品的重点放在提高学习能力上,并且能够利用技术来解决学生们的阅读问题,因此这位督学为每位教师都购买了 iPad。

这件事对我而言有着特殊的意义。然而那时，我仍需要拿出充分的证据来向乔布斯和同事们阐释，我们需要以何种方式、做些什么才能重塑教育，以及以这种方式重塑教育的重要性。我在演讲中缺乏足够的统计数据，因此我试图通过独特的想法来弥补。同时，我还给出了大量创造性的解决方案。当我发现几乎每一位与会人员都表示理解并认同时，我非常欣喜。最重要的是，我的想法也得到了乔布斯的肯定。当然，我必须向他保证，后续我将给出如何实现这一切的具体细节。我很清楚教育部门接下来需要做些什么，当务之急是为销售团队和营销团队找到得力的领导者。

教育改革的激情点燃整个团队

我深知我所提出的教育改革计划任重道远，仅凭一己之力是无法实现的。新的销售副总裁必须对苹果公司与其他公司的不同之处有着深刻的认识。他必须足够了解并乐意接受苹果公司与众不同的企业文化，否则即便是世界上最厉害的销售人员，也无法在我们公司待得长久。这意味着，苹果公司教育部门的副总裁需要有动力、有能力改变整个销售部门的现状。我深知，一个传统的销售团队领导者是无法在我们部门取得成功的，我需要的是一位销售"大牛"。

2002年底，因蒂姆·库克引荐，我约见了一位身材魁梧的英国人巴里·赖特（Barry Wright），想看看他是不是苹果公司教育部门销售副总裁的合适人选。在招聘销售人员时，我首先需要确定的一件事，就是他们必须拥有证实自己是该职位合适人选的能力。事实证明，赖特的确是一位销售大牛，他三下五除二就向我证明了他是该职位的不二人选。他既坚强又骄傲，而且和我一样，好像有着足以照亮整个城市的充沛能量。

我向赖特阐述了苹果公司教育部门的战略计划。我告诉他，我们的首要任务是在不断数字化的世界中，为教师和学生提供他们需要的工具，以最大限度地挖掘学生们的潜力。同时，我还向他详细解释了需要实现此目标的原因及方式。我知道，对于市面上的所有教育产品而言，苹果公司的产品无疑是出类拔萃的。但问题在于，我们需要说服传统的教育领导者接受变革并改变他们固有的思考模式。我的理念赖特不但深表赞同，还干劲十足。他甚至就此分享了一些想法，这些想法深得我心。

我一直认为，想要在现代教育市场上成功销售产品，必须具备3个条件。首先，如前所述，销售的重点应放在"为什么销售该产品"上，而不应放在"该产品究竟是什么"上。其次，销售团队应对教育界的政策和购买决策等的复杂性有着深入的理解。最后，作为管理人员，我们必须能够同时激励买家（即潜在客户）和卖家（我方的销售人员）。从我与赖特的第一次会面中，我就知道他深谙教育产品的销售之道。因此，在2002年底，我聘用他为苹果公司的教育销售副总裁。我经常将教育部门的工作模式比喻成钓鱼。我以改变教学和学习方式的信息为诱饵，将客户带往苹果公司的大船，然后赖特会将他们"一网打尽"。我知道聘用赖特是一个正确的决定，但当时我并不知道他在销售方面会如此厉害。

我告诉赖特，他需要做的第一件事，是以恰当的方式培训销售人员，并扩大销售团队的规模。他向我保证，完成这两件事绝对没问题。然后，他就开干了。与前任销售副总裁不同，赖特与苹果公司的契合度非常高。他不仅了解苹果公司的企业文化，并且与迈克·索恩伯里相处得极为融洽。在吉姆手底下被埋没的索恩伯里，终于有了大放异彩的机会。在赖特的领导下，索恩伯里本人也成为一位优秀的领导者。他们两人全力合

第 10 章　回归苹果，创造教育的未来

作，工作上势如破竹，迅速将教育部门的销售团队扩张成一支拥有 700 多人的销售大军。

后来，赖特成了苹果公司一位充满传奇色彩的人物。他雄心勃勃，与苹果公司所有人都非常合拍。作为销售副总裁，他做的第一件事是安排一个大型会议，该会议邀请苹果公司的销售和营销部门参加，还邀请美国各地的教育专家参加。尽管当时已经是 11 月，但赖特坚持要在次年 2 月底之前计划、安排和召开会议。教育部门几乎每个人都认为，这是一项不可能完成的任务。虽然这的确是一个离谱的目标，但由于乔布斯每周都会要求苹果公司的高管们完成一些看似不可能完成的任务，所以我们也都习以为常。当然，你如果告诉乔布斯某项任务是不可能完成的，那么也就不可能再在苹果公司待下去了。

遵循同样的传统，赖特坚持要在短短 12 周之内召开这场大型会议。我一直觉得激情是会传染的，这一点在赖特身上也得到了证实。他轻而易举地说服了他的整个团队，让团队成员们都坚信此次会议不仅能按时召开，而且完成该任务根本不难。果真，在赖特和索恩伯里的领导下，为期多天的销售会议于 2003 年 2 月底，在加州圣何塞成功拉开帷幕。

我满怀期待地参加了赖特组织召开的第一次销售大会，与我同行的还有乔布斯和其他几位高管。此次会议能在如此短的时间内组织起来，并能达到如此专业的程度，无疑给我们留下了深刻的印象。但在最初几天里，这场会议与传统会议好像没有太大区别。因此，当得知赖特在会议的最后一天安排了"销售动员讲话"时，我并没有想到会发生任何非同寻常的事情。他的动员讲话在开场时还很轻松，他对团队表示感谢，给予赞美。但突然之间，他向团队成员们"发起猛烈攻击"。他的情绪在一瞬间发生了变化，他变得如此严肃，不禁让我想起了在生气时会变成

165

学习的挑战　My Life at Apple

绿巨人的罗伯特·布鲁斯·班纳（Robert Bruce Banner）。我呆坐在那里，眼睁睁地看着平日里亲切友好的赖特消失不见，取而代之的是一个身材魁梧的疯子。他在会议室的过道上怒气冲冲地走来走去，眼中冒着怒火，通过连接到扬声器的头戴式无线麦克风向所有参会人员咆哮。"不要做失败者！绝不允许！"他大声吼道，脸红得发紫，全身大汗淋漓。此情此景令我震惊无比。一直以来，赖特都是一个极富魅力、极具热情的人，而此时我眼前的赖特简直让人觉得可怕。

当他继续着所谓的"销售动员讲话"时，我看到他手底下的经理和销售团队成员们面面相觑，不知道该做何反应。赖特冷冷地盯着他所经之处的每一位销售人员，告诉他们，从这一刻起，他对每个人都寄予厚望，不接受任何失败的借口。他说，我们肩负的使命远远不只为苹果公司推销产品，而是在 21 世纪带给世界上每一位学生新的教育模式。赖特要求销售团队的每一位成员，将每一次销售经历视为与自身息息相关的体验。并且，如果某一位成员失败了，整个团队都将承担责任。因为对于销售大牛而言，失败从来都不是一个可选项。不论是他，还是他团队中的任何成员，都决不允许失败。他的意思十分明确：未来几代的学生的成功都将依靠他们每个人的表现，他们最好不要让学生们失望。

赖特将原本正常的销售会议变成了一场全面的动员大会。他说得越多，销售人员的士气就越高涨。每当他说到关键之处，很多销售人员便开始大声喝彩，甚至还有少数人瘫坐在座位上，热泪盈眶、颤抖不已。事情的发生出乎我的预料。不过，谁能够在苹果公司取得成功，谁又将在工作岗位上艰难前行，已经一目了然了。

沃兹尼亚克的妻子希尔在苹果公司的教育部门工作了 10 年之久。最近，我与她聊起赖特。我告诉她，我正在写一本书，书中有一部分提及了赖特无人不知的"销售动员讲话"。我问她是否还记得这件事。她说，赖特和我之间的合作就是典型的"一个唱红脸，一个唱白脸"。"我记得那天是你先发言，你充满激情，让我们相信我们能够改变世界，"她告诉我，"但接下来轮到赖特发言了。噢，天哪。"

希尔回忆道，赖特用他浓重的科克尼口音讲述自己在伦敦一个并不太平的地区长大。在那里，街头斗殴司空见惯，这些经历使他逐渐成长为一个顽强的斗士。她还回忆起赖特在会议室中间的过道上来回走动，用粗鲁的话告诉他们，他们是多么没用、根本不具备他所拥有的杀手心态，他们必须坚强起来。对于销售人员在竞争中应采取的态度，希尔甚至还记得赖特说的原话："你必须用手揍、用脚踢、用嘴咬，将他们放倒，拿脚踩在他们的喉咙上，不到他们彻底断了气，不到他们已经死了，都别松脚！"

希尔和我一致认为，在赖特的动员讲话中，最令人感到不安的部分是，他开始用言语"威胁"员工。他称自己知道有些员工消极怠工，从现在开始他会——找出来，并立马解雇他们。希尔记得赖特的这种"疯狂"状态持续了足足30多分钟。当时，她觉得自己听不下去了，起身就往外走。而赖特的话才刚说到一半，就被她突如其来的离席之举打断了，于是他停下来，静静地看着她一步步走出会议室。希尔说："当时，在我经过会议室过道时，其他人动都不敢动。我永远都不会忘记区域经理朱迪·博格斯（Judy Boggs）看我的眼神有多么惊恐。她似乎在用眼神乞求我坐下，双眼似乎在说'这时候离席，你是疯了吗'。"

如今，希尔和我回忆起此事时，不禁莞尔。然而，在当时我们没人笑得出来。后来我们得知，赖特与他的团队开会时总是这种表现。他会通过恐吓、威胁来激励团队成员，虽然有些时候可能是即兴的，但鉴于他是个聪明人，因此我认为在大部分情况下，他都是刻意为之，因为他知道这种策略行之有效。最后，她告诉我，赖特得知她是一个勤恳努力、表现出色的人后，"他就变得既心软又友善"。

我深知不同的领导者会以不同的方式激励他人，而不管是哪一种方式，都有可能奏效。赖特激励他人的风格与我截然不同，但他的风格显然是有效的，因为苹果公司的教育业务发生了翻天覆地的变化。在赖特任职期间，教育部门连续40个季度成功完成销售目标。我刚刚回到苹果公司时，公司在教育市场的销售额每年仅为10亿美元左右；而在我加入教育部门并聘用赖特为销售副总裁后，销售额在10年之内就增长到了95亿美元以上。苹果公司的教育部门不再先提供解决方案和产品，然后寻找其能够解决的问题；而是先以特定的学习需求为基础去开发产品，再将产品送到最需要它们的人（教师和学生）手中。这一转变是我们能够实现这种增长的主要原因之一。

第 11 章

在教育中应用挑战式学习

MY LIFE
AT
APPLE

各位都会有这样的感觉：现在就是我们
能够改变未来的时刻之一。

——史蒂夫·乔布斯

第 11 章　在教育中应用挑战式学习

乔布斯在高中毕业后几乎没有再接受正规教育，即使是在整个 K-12 教育期间，上学也总是令他感到无聊。大约 10 岁的时候，他接触到了人生第一台计算机，并为之着迷。然而直到多年以后，当他在惠普公司看到第一台台式计算机时，他才开始真正理解计算机对于重塑教育的未来有多么巨大的潜力。我第一次加入苹果公司不久，乔布斯就开始与我分享他对于计算机应用在教育领域的愿景。后来，他在公开演讲中也表达过该愿景："我想，如果每所学校都能拥有计算机，哪怕仅有一台，有些孩子也能使用它，这会改变他们的人生轨迹。"

苹果公司早期并未设立教育副总裁，但教育领域的产品开发一直是苹果公司的重点之一。正如乔布斯所说，"教育被刻在了苹果公司的 DNA 里"。在我开始担任新产品总监后不久，乔布斯告诉我，苹果公司的主要目标之一，是将创新技术和产品送到学生们手中。和乔布斯一样，我也深刻认识到，计算机能够给孩子们带来巨大的影响。我的这种认识，主要是因为乔布斯曾将一台 Apple Ⅱ 送给我的儿子克里斯，而我亲眼见证了这台计算机对克里斯产生的影响。乔布斯和我都知道，个人计算机能否激发孩子们天生的创造力、能否提高他们的学习动力，从来都不是苹果公司教育部门需要解决的问题，因为答案毋庸置疑是肯定的。我们需要解决的问题是："如何才能将计算机送到孩子们手中？"

推行"孩子们不能再等"计划

1978年，苹果公司与明尼苏达教育计算联盟达成了一项协议，500台Apple II被送往明尼苏达州各所学校，供学生们使用。乔布斯知道这远远不够，他还想做得更多。然而，教育领域的官僚作风给他设置了重重障碍，使整个推广过程变得无比缓慢，这令他深感沮丧。他后来回忆道："当时，我发现整整一代孩子在毕业之前甚至都没接触过计算机。这让我意识到，孩子们不能再等了。"乔布斯认为，所有孩子都要有机会接触计算机。因此，那一年，他在苹果公司发起了一项名为"孩子们不能再等"的教育营销计划。这项新计划的目标既简单又远大：向美国的每所学校都捐赠一台Apple II。然而，最大的问题在于，苹果公司尚不具备足够的财力来完成如此庞大的目标。但幸运的是，天无绝人之路。

当时美国宪法中有一项规定：如果企业将科学仪器或计算机捐赠给大学用于教育或研究，那么该企业可享受免税政策。乔布斯想到，如果能让这一法规将K-12学校也涵盖在内，那么苹果公司将能够对美国各地的学校进行捐赠。于是，乔布斯飞往华盛顿特区向国会进行游说，并协助提出了一项名为H.R. 5573的法案，即"计算机设备贡献法案"。虽然该法案最终未能通过，但当加州的州政府领导人得知我们为此所做的种种努力之后，他们同意在该州近万所学校内推行"孩子们不能再等"计划，同时给苹果公司及所有向K-12学校捐赠计算机的企业减税，帮助企业降低落实计划的费用。此后不久，个人计算机开始走进加州各所学校，

第 11 章 在教育中应用挑战式学习

让成千上万的学生得以有机会使用它们。后来，乔布斯总是称该计划获得了"非凡的"成功，他一直认为这项计划是苹果公司做过的最不可思议的事情之一。

我的儿子克里斯一直都用计算机玩游戏和学习（之前使用的是 Apple Ⅱ，后来又换了 Lisa），因此我亲眼看到了个人计算机给孩子带来的深远影响。1979 年 2 月，我向圣玛丽学校捐赠了两台 Apple Ⅱ。圣玛丽学校是一所位于加州洛斯加托斯的八年制天主教学校，克里斯和蒂芙尼都在这里就读。校方很感激我的捐赠，但的确不知道该如何安置这两台计算机。最后，他们清理出来一间保洁室，将计算机放置在那里。随后，校方告诉学生们，在上学前、放学后、自由活动时间、午餐时间和课间等，可以随意使用这两台计算机。没过多久，学生们就对计算机产生了浓厚的兴趣。他们一窝蜂似地挤在那间小小的保洁室里，在没有接受任何计算机培训的情况下，仅靠自己摸索就弄清楚了计算机的使用方式。我还得知，其中一位学生劲头十足，甚至在计算机上学会了如何阅读！

那个学年结束时，圣玛丽学校的学生将"保洁室"选为他们最喜欢的地方。八年级毕业生决定再送几台 Apple Ⅱ 给学校，作为他们的毕业礼物。他们本意是感谢学校的栽培，不料却让学校犯了难。因为一间保洁室无法再容纳这么多台计算机了。经商议，校方决定将"计算机"纳入下一学年的正式课程。听到这个消息，我非常高兴。但在看到"计算机"课程的试卷后，我仿佛被泼了一盆凉水。试卷只是将 Apple Ⅱ 手册第一页原封不动地照搬下来，并留出一些空白用来测试学生们的"计算机知识"！在计算机考试时，学生需要做的就是按照手册进行填空。这无疑是一种对技术的浪费，荒谬至极。不久之后，我写了一篇文章，题为《苹果计算机在校园中的迷失》。这篇文章旨在告诉教育机构妥善合理地使用计算机，否则他们会将乔布斯愿景中的"脑力自行车"变成"体力自行车"，从而导致计算机在挖掘学生潜力方面起不到任何作用。

新的教学法——"挑战式学习"诞生

1986年，苹果公司发起了一项名为"明日苹果教室"的研究项目。该项目由苹果公司、公立学校、大学和研究机构合作开展。项目的目标在于：其一，研究在课堂中正常使用技术将给教学和学习带来何种影响；其二，在确定了使用技术能给教学和学习带来积极变化的情况下，进一步确定哪些特定的使用模式将带来最大限度的变化。这项研究做得很成功，研究结果显示孩子们在积极参与的状态下能学得好，并且计算机能有效提升孩子们的参与度。当然，如今看来，这些研究结果显示的是再明显不过的事情。然而在当时，它们却属于十分新颖的理念，并为教学机构和教育部门做决策提供了依据，从而使得很多学校越来越接受在课堂上使用教育技术。到2003年，"明日苹果教室"的研究结果已经过时。这意味着，"对于21世纪的数字原住民而言，何种方式才是最佳学习方式"，我们需要更多的研究，才能更好地为这类决策提供最新依据。

在第一代iPhone推出一年后，我带领团队启动了一项姗姗来迟的"明日苹果教室"后续研究，即"明日苹果教室2.0：21世纪的学习"，我们称之为ACOT^2。随后，我们与Digital Promise[①]展开合作，进行研究。Digital Promise是一家专注于教育技术和数字学习的知名非营利组织。"明日苹果教室2.0"项目最初的领导团队由凯伦·凯特（Karen

---
[①] 2011年，美国时任总统奥巴马宣布组建的一个推进数字技术发展的新国家技术小组。——编者注

Cator)、马可·托瑞斯（Marco Torres）、唐·亨德森（Don Henderson）、马克·尼科尔斯（Mark Nichols）和凯蒂·莫罗（Katie Morrow）等人组成。

我们共同的目标是，研究清楚如何才能充分调动新一代学生的积极性。在这个项目的官方文件中，我们对项目目的做了如下描述："此次后续研究的目的在于，通过重点研究学生、教师和课程三方的关系，确定21世纪高中的课程设计基本原则。"最初的"明日苹果教室"研究重点是判断技术能否在教学领域中发挥作用，而"当代明日苹果教室"研究的重点是进一步确定如何才能使技术最大限度地发挥作用。在"明日苹果教室 2.0"研究中，我们最大的收获是认识到，所有内容都应围绕着引导学生成为创造者展开，而不是仅仅使他们成为被动的吸收者。更具体来说，课堂需要具有创造性、协作性、相关性和挑战性。

以这些发现为基础，再结合"布鲁姆分类法"（Bloom's Taxonomy）[①]、"技术教学内容知识框架"（TPACK）和"替代、增进、调整和再定义模型"（SAMR）等关键点，我们开发出一种新的教学法——"挑战式学习"（Challenge-based Learning，CBL）。该模型旨在创造协作式学习体验。在这种学习模式中，教师和学生需要共同研究亟待解决的现实问题，提出具体的解决方案，并采取切实有效的行动。在提出"挑战式学习"这个概念时，我们不想让其成为一个全新的概念。从早些年在苹果公司工作的经历中，我学到的一个重要经验就是：一种新事物如果无法带给主流大众某种熟悉感，将很难获得大众的认可和接受。个人计算机的图形用户界面正是通过引入大众熟知的物品的数字化形式，例如桌面、文件和文件夹等，才开始不断为人们接受。

---

① 布鲁姆分类法是一种极具影响力的模型，旨在针对教育目标进行分类。

通常来说，即便新的理念已经得到了广泛接受，但要将这些理念转化为实际行动也需要数年的时间。而在教育领域，如果能真正落实，那可能需要数十年。然而，我们知道"孩子们不能再等"。因此，与其提出一种难以理解的全新学习模式，我们不如在现有模式的基础上创新。如此一来，便能极大地提高这个模型对 21 世纪学生的实用性。于是，我们决定以"项目式学习"（Project-based Learning，PBL）为基础进行创新。"项目式学习"是一种注重实际操作的教学法，被许多学校广泛采用。我们采用了"项目式学习"中的精华部分，并从多个方面做了改进。最重要的是，我们加入了技术元素，使学生拥有了自主选择权。为了推广"挑战式学习"，我们决定向"苹果杰出教育工作者"（Apple Distinguished Educators）计划寻求帮助。苹果杰出教育工作者指的是那些在课堂上有效使用技术，而受到苹果公司表彰的教师。由于有他们的鼎力相助、有"明日苹果教室 2.0"研究结果为依据，再加上 Digital Promise 的大力支持，"挑战式学习"得以在美国各地推广起来。

"挑战式学习"的巨大威力得到验证

"明日苹果教室 2.0"的研究结果是苹果公司教育战略的核心。它不仅使苹果公司内部，而且使整个美国乃至世界各地，都受到影响，不断调整、优化教学法。从研究结果的作用来说，巴西项目是一个佳例。当时，苹果公司决定在巴西设立制造基地。而巴西总统明确表示，如果苹果公司打算在巴西进行生产制造，那么必须投资一项能够使巴西在经济上长期获益的研究项目。

为了解决这个问题，库克的得力助手杰夫·威廉姆斯（Jeff Williams）

第 11 章　在教育中应用挑战式学习

找到教育部门，问我们能否从教育的角度提供一些符合巴西总统要求的想法。巴西总统一直希望在生产制造业方面获得苹果公司的帮助，但我指出，如果通过提高巴西国民的编码和编写应用程序的能力，致力于发展新兴的知识型经济，巴西将会更加受益。于是，我建议由苹果公司出资，在巴西的一些大学内启动一项计划，通过"挑战式学习"使学生掌握编码和应用程序开发能力。巴西总统认为这个想法很不错。在获得公司的许可之后，我决定让技术方面的得力干将戈登·舒特威克（Gordon Shutwik）来管理和组织整个项目。没过多久，该项目就在巴西 10 所大学内顺利启动。后来，该项目获得了极大的成功。学生们对此热情高涨，因为他们从该项目中学到了实践技能，而非理论知识，这使得他们甚至能够在毕业之前就创办起自己的移动应用程序公司。

项目运行了几年后，有一次我受邀参加苹果公司开发者大会，当时会上正在进行学生创业大赛，当我看到巴西项目的一个团队获得第一名时，我非常高兴。接下来的几年，又有不少巴西学生在比赛中斩获第一名，这引起了苹果公司和其他大公司高管们的注意。随后，我得知一些像 IBM 这样的大型科技公司开始直接从巴西的一些大学中招聘学生，这令我甚为欣慰。

随着时间的推移，我们在巴西项目中增加了更多以"挑战式学习"为主的课程，其中包括与创业和设计思维相关的课程。后来，苹果公司还将这一项目扩展到了巴西以外的国家，在意大利、法国和印度尼西亚等地都启动了类似的项目。我认为这个项目堪称佳例，因为它充分说明了，正确的教育工具若能交到学生手中，将会发挥多么大的威力。在巴西项目中，"挑战式学习"不仅拓宽了数千名学生的职业前景，还推动了整个国家的经济发展。

学习的挑战　My Life at Apple

为推广创新、个性化和实践式教育而奋斗

　　21世纪初,"教育改革"运动包含两种截然不同的教学理念。一种教学理念是比尔·盖茨以及众多政治家所推崇的。他们认为,增加更多标准化的教学内容和测试是提升教育成果、帮助学生学习的最佳方式。盖茨通过其设立的比尔及梅琳达·盖茨基金会（Bill and Melinda Gates Foundation）为教育改革运动提供资金支持。这种有着明显缺陷的理念促使政府颁布了《州共同核心课程标准》（Common Core Standards）。该标准本质上是一种一刀切的模型,它要求美国各州、各所学校、各位教师和学生都必须在最终的大型考试中达标。若不能达标,则将受到相应的惩罚。而乔布斯和我一直为之奋斗的,则是另一种教学理念。在这种教学理念之中,我们要让学校发生具有颠覆性的变化,更少地依赖填鸭式教学和测试,更多地依赖创新性、个性化和实践性学习法。

　　每每谈到教育中颇具争议性的话题时,和其他人一样,我也有着自己的个人观点。但作为像苹果公司这样的大型企业的教育副总裁,我实在无法随意分享我的个人观点。因为我的工作要求我在公共场合中对具有争议性的话题保持中立态度。身处一个影响力如此之高的职位,几乎每一个与教育相关的争议性话题,我都会被人们问及。如果某家大型企业的高管对具有争议性的话题公开发表意见,人们会自然而然地认为高管的意见就是企业的意见。事实上,像苹果公司这样的大型企业的副总裁及更高职位的高管公开讲话时,不论他们以何种身份,人们都会认为他们是代表公司发言的。这正是我在公共场合谨言慎行的原因。我经常不得不竭尽全力,遏制表达自己观点的欲望。但乔布斯才不会在乎这么多。

第 11 章　在教育中应用挑战式学习

乔布斯对苹果公司和他创造的产品所持有的高度热情，早已无人不知、无人不晓。但很多人不知道，他对教育同样持有极高的热情。大多数时候，当他在公共场合谈论教育时，通常会涉及与技术和学习有关的话题，这些话题的争议性并不是很高。但偶尔也有采访者会问他一些教育领域颇具争议性的问题，这些问题与技术的关联性不大。每当出现这种情况时，我能预料到，接下来一定会发生两件事：其一，他对这些话题肯定持有强烈的个人观点；其二，无论别人是否想听，他都会毫不犹豫地表达出来。这些话题包括如何看待大型测试、字母等级计分制、特许学校、择校和学券制等。而如果有人想要使乔布斯做出激烈的反应，那么他们只需问他对教师工会的看法。

我有过唯一一次和乔布斯一起乘坐他的私人飞机的经历。当时，我们去往得克萨斯州普莱诺参加一次教育会议。通常来说，他不会参加这类会议，因为他认为这属于"我的工作"。但那次会议对他而言意义特殊，因为会议的赞助商是亿万富翁罗斯·佩罗（Ross Perot）。佩罗曾是乔布斯创立的 NeXT 公司最大的投资者之一。乔布斯告诉我，佩罗从未缺席过任何一次 NeXT 董事会会议，并且每次都在会上提出建设性意见。因此，作为回报，他也理应出席佩罗赞助的会议。

一直以来，佩罗对各种行业都很感兴趣，其中包括技术和教育领域。于是，他决定举办这次教育技术会议，邀请技术行业的领导者齐聚一堂，共同探讨技术在教育领域发挥的作用。他为此次座谈会邀请到了两位极有影响力的人，一位是乔布斯，另一位是戴尔公司的首席执行官迈克尔·戴尔（Michael Dell）。他们两人虽然都是成功的企业家，但对教育的观点截然不同，并且各自坚持自己的看法。当我看到他们在台上的座位紧挨着彼此时，坐在第一排的我已经做好了静待他们上演一场唇枪舌剑的准备。会议刚开始时，气氛很融洽，甚至可以说是其乐融融。但随后，主持人向乔布斯问道："您觉得如今公共教育最大的问题是什么？"面对一个如此宽泛的开放式问题，我对乔布斯接下来会如何回答有一种不好的预感。事实证明，我的预感没错。乔布斯回答说："答案再简单不过了，问题就出在教师工会上。"我心想：这下麻烦了。

说完这番话，他从台上看向我，对我说道："约翰，等我说完，你们的销售额可就要下滑了。"随后，他将教育方面存在的几乎所有问题归咎于教师工会。当时，除了坐在那里，边听边冒汗之外，我什么也做不了。我很清楚，等他畅所欲言后，我得好好给他收拾残局。第二天，乔布斯对教师工会的强烈否定观点登上了新闻头条，并激怒了教师工会。如果说这次还不算糟糕的话（虽然对我而言已经够糟糕了），几天之后，乔布斯在接受《计算机世界》（PC World）杂志的采访时，再次重申了他对教师工会的看法。

对于他在公共场合发表的这些观点，是否使苹果公司教育部门的销售额有所下滑，我并没有确切的答案。但彼时，我已经计划好当月晚些时候前往华盛顿特区参加会议，并与教师工会的主席们会面，乔布斯的这些观点，无疑使我在此次会议中极难开展工作！在那次会议上，我把绝大部分时间都用于说服他们，乔布斯并非"反教师"，他只是觉得教师工会的政治属性过强，所以没有给予教师工会足够的支持。但乔布斯在公共场合发表的观点已经无人不知了，因此那天我的种种说辞在他们眼中都显得十分无力。

在后来的几周里，工会领导人、教师和学校管理人员开始在公共场合将乔布斯描绘成一个激进改革者和仇视教师者，称他计划用计算机取代教师。这种说法荒谬至极。虽然乔布斯的确坚信技术将会改变教育模式，但他同样深知，如果课堂上没有教师，那么技术永远也无法发挥出应有的效果。在 1995 年的一次采访中，乔布斯说道："虽然，我给很多学校配备了计算机，就这方面而言，没人比我做得更多，但我坚信，计算机绝非课堂上最重要的。最重要的永远是人，一个能激发你的好奇心、满足你的好奇心的人。计算机永远也无法做到这一点。"当我听到这番言论时，我意识到他道出了我的心声，我之所以选择追随他回到苹果公司，正是源于此。我热爱苹果公司不假，但我之所以回来，是因为它的领导者能够不断激发并满足我的好奇心。能重归苹果公司，我真的非常高兴。

第 12 章

用新技术实现
挑战性学习目标

MY LIFE
AT
APPLE

领导者和追随者的区别在于创新能力。

——史蒂夫·乔布斯

第 12 章　用新技术实现挑战性学习目标

在苹果公司的第二段任职期间，我需要在两项主要任务之间保持平衡：其一，扭转 8 年来苹果公司在教育市场占有份额不断下滑的趋势；其二，确保教育部门的工作与苹果公司未来的发展方向保持一致。为了落实这两项任务，我花了大量的时间了解当前苹果公司将资源投入了哪些领域。除了参加"前 100 强"会议之外，我还在其他会议上特意询问其他副总裁，尽我所能去了解公司在硬件和软件方面的进展和方向。我深知，以公司整体计划为导向来指导教育部门的战略方向是至关重要的。我了解到，虽然彼时苹果公司的投资涉及多个领域和多款产品，但大部分资源都集中于 4 个关键领域：一款新的操作系统（Mac OS X）、创作应用软件（iLife 套装、iTunes 和 Pro apps）、移动设备和零售店。

唤醒创造力的完美系统 Mac OS X

当年，乔布斯离开苹果公司并创立了 NeXT 公司后，他开发出了一款极具创新性的 NeXT 计算机。这款计算机的操作系统是 NeXTSTEP。

185

学习的挑战　My Life at Apple

它是一款面向对象（Object-oriented）的操作系统，不仅功能强大，而且其界面易于使用。这款计算机以高等教育市场为目标市场，但其硬件过于昂贵，导致其价格远远超过了目标客户所能承受的范围，这使乔布斯极为失望。于是，他开始考虑出售 NeXT 公司或者出售 OPENSTEP（该系统的关键软件）的技术许可。没过多久，他就找到了买家。然而，最终是苹果公司于 1997 年 2 月 4 日以 4.27 亿美元的价格收购了 NeXT 公司。乔布斯自此重新回到苹果公司，成为一名积极活跃的董事会成员。彼时，时任首席执行官吉尔·阿梅里奥无力解决公司经营业绩大幅下降的问题，而乔布斯一心想要扭转这个局面，于是他利用这个机会成功将阿梅里奥赶下了台。1997 年 9 月 16 日，乔布斯成为临时首席执行官，这是他首次正式以首席执行官的身份领导苹果公司。

在乔布斯上任以前，苹果公司开发了一系列失败的操作系统。在担任首席执行官之后，乔布斯做的第一件事情就是解决这一问题。他指出，公司的重点是以 OPENSTEP 为基础开发出新版本的 Mac OS。代号为"科迪亚克"（Kodiak）的新系统 Mac OS X 是一款以 Unix 为基础的操作系统，它比任何个人计算机上的操作系统都要更加强大、更加可靠。苹果公司于 2000 年 9 月 13 日发布了 Mac OS X 的公开测试版，如此一来，最早使用该版本的用户便可以在系统正式发布之前对其进行测试，并发现其中存在的缺陷。苹果公司的目标是提供一个能够吸引软件开发公司（例如 Adobe、Microsoft 等）的操作系统，促使开发公司乐意去开发能够在该操作系统中稳定运行的应用程序。此举旨在利用软件开发社区的创造性，这是苹果公司早期在发布 Apple Ⅱ 时学到的策略。

2001 年 3 月 24 日，Mac OS X 正式发布。该操作系统火速蹿红，与之前的操作系统不同的是，它经受住了时间的考验。Mac OS X 后续的升级版几乎是以大型猫科动物或地名来命名的，其中包括大型猫科动物名，如"Cheetah"（猎豹）、"Puma"（美洲狮）、"Jaguar"（美洲豹）、"Panther"（黑豹）、"Tiger"（虎）、"Leopard"（花豹）、"Snow Leopard"（雪豹）、"Lion"（狮）和"Mountain Lion"（山地狮）；以及地名，如"Mavericks"（冲浪湾）、"Yosemite"（约塞米蒂）、"El Capitan"（酋长岩）、"Sierra"（塞拉山）、"High Sierra"（塞拉高山）、"Mojave"（莫哈韦沙漠）和"Catalina"（卡特琳娜岛）。

在我重回苹果公司的第二年，乔布斯仍然对这款新的操作系统抱有极大热情。他告诉我，他"将整个公司的希望都寄托在了Mac OS X系统上"。乔布斯还要求，今后公司开发的所有应用程序都只能在这款操作系统上运行。于是，Mac OS X立即成了我关注的4个主要领域之一。我暗自思忖："这对苹果公司的教育业务将产生何种影响？我该如何利用这款广受好评的新系统，来提升苹果公司的教育业务，并改变整个教育领域的教学模式？"我不断思考这些问题，而我了然于心的是，乔布斯对这款新操作系统在教育领域的愿景。从最开始，他就非常清楚地表达了他的愿景："我希望美国每所学校的计算机都运行Mac OS X。"

对于如何在K-12教育市场上实现这一目标，我还需进行深入研究，但对于大学市场，我已经有了一个清晰的策略。当时，大多数大学的信息技术部门都不支持Mac OS X操作系统的计算机。因此，不仅学生和教职工们较少使用，就连信息部门的员工对Mac OS X的操作系统也不太熟悉，因为他们只接受过微软操作系统的培训。为了解决这一问题，我在大学校园内简单调查了学生的花销，并调研了以学生、教职工为对象的市场规模。在获知调研结果之后，我认为最好的解决方案是将重点放在提高新生使用苹果笔记本电脑的比例上。于是，苹果公司开展了每年一次的"返校季"促销活动。学生们在即将开学时购买苹果笔记本电脑，不仅能够享受大幅折扣，还能免费获得赠品。这些赠品最开始通常

学习的挑战　My Life at Apple

是一款软件，后来苹果公司甚至会赠送 iPod。这一促销活动办得十分成功，如今只要去大学教室瞥上一眼，都会看到大多数学生面前都放着一台苹果笔记本电脑。

随着针对大学市场的销售计划顺利开展，我知道接下来必须想办法进一步达成乔布斯的愿景——让"美国每所学校的计算机都运行 Mac OS X"。对于所有 K-12 的学生而言，Mac OS X 将给他们的学习带来巨大的影响，这一点我和乔布斯都深信不疑。而一想到如此光荣而艰巨的任务将由我带领团队来完成，我就感到无比激动。正如我反复强调过的，每位学生都有潜在的天赋，但他们需要合适的工具来帮忙挖掘天赋。我很清楚，在挖掘学生潜力方面，Mac OS X 堪称完美。因为它为各种应用程序提供了可靠的基础，而学生们可以利用这些应用程序激发创造力。然而，要想使其发挥作用，学校的计算机必须能够运行这款操作系统。经调研，我发现在 K-12 教育市场中，只有 6% 的苹果计算机能够运行 Mac OS X！

我将这一调研结果告诉乔布斯后，他决定安排一场三人会议，由他、我和席勒共同商讨针对调研结果的解决方案。正是在这次会议上，我们设计了一份营销计划，席勒将其命名为"教师专属 X"计划。我们计划向北美地区的每位教师免费提供一套 Mac OS X，并以此向学校和学区的信息技术部门施压，使他们以更加严肃认真的态度对待苹果公司。在过去几年里，许多信息技术部门的员工已经对苹果公司过时且不稳定的操作系统感到厌倦，转而用上了微软公司的操作系统。而如今，我的工作就是使他们意识到，苹果公司现在由乔布斯担任首席执行官，已经面目一新，从今往后都将与过去不同。我知道这个计划是可行的，但由于计划的规模空前庞大，使得落实这一计划花掉了当年全部的营销预算。

第 12 章 用新技术实现挑战性学习目标

我知道,"教师专属 X"计划实施起来不仅耗费巨大财力,而且还需要技术支持。重回苹果公司之后,我虽然接手了一支十分优秀的团队,但这支队伍中并没有技术人员。这意味着,他们之中没人能够告诉我 Mac OS X 系统中的哪些功能最能为教育赋能。直到有一天,我在餐厅遇到了戈登·舒特威克,他曾与朋友共同创立了一家相当成功的科技创业公司。在我涉足风险投资领域的那段时间,我曾任某家企业的投资顾问,那家企业最终收购了舒特威克与朋友联合创立的公司。

如今,见到他来苹果公司求职,而且还是在苹果公司的招聘冻结期,这实在令我感到惊讶。虽然他的专长并不在教育领域,但我确信,他具备足够的技术敏感度,知道 Mac OS X 的哪些关键功能可以满足特定的教育需求。幸运的是,我成功说服他加入了我的团队。事实证明,此举是我在早期所做的最佳决策之一。随后,我安排舒特威克去往世界各地考察教育设施,以便更好地了解学校的教学需求,并将教学需求与 Mac OS X 的功能相匹配。对于后续工作而言,收集信息是不可或缺的。

乔布斯总是说,"免费"是一个强有力的词。但我同样知道,向人们免费赠送某物并不能保证人们真正使用此物。不过,如果这个物品是 Mac OS X 的话,乔布斯和我都持相当乐观的态度,认为人们一定会积极地使用它。

我还记得,在与一位 K-12 学校的信息技术部门经理会面时,他跟我说,教师们向他施加了极大的压力。随后,他给我看了一封电子邮件,上面写道:"你已经帮学校从使用打字机成功过渡到使用计算机,现在既然 Mac OS X 是最好的操作系统,那就别再抱怨了,赶紧用起来吧!"显然,我们成功了,而且收效显著。我记得在发起这一计划之前,我曾问乔布斯:"你认为会有多少教师愿意接受我们的馈赠?"他思考了一会

学习的挑战　　My Life at Apple

儿，回答说："不知道。大概会有 10 000 到 15 000 名吧。"事实上，最终北美有 500 000 名教师接受了苹果公司提供的免费 Mac OS X 操作系统。这说明，即便他是如此野心勃勃，也有低估自身能力的时候。

正是在这段时间，我接到了一通乔布斯打来的电话。当时，这通电话使我感到十分沮丧，令我至今都难以忘怀。在"教师专属 X"计划推出后不久，许多学校都开始安装 Mac OS X，此时乔布斯发现，用户在注册过程中可以选择不提供个人信息。他立马给我打来电话，当时我正在哈佛大学参加一个会议。他冲我吼道："你在干什么？"我不仅一头雾水，而且十分震惊，因为他极少对我发这么大的火。

"你这话是什么意思？"我问道。

他火冒三丈，说："这是一项免费计划！你为什么还允许用户不提供个人信息？"

"因为法律是这么规定的。"我反驳道。

电话的另一端沉默了。

"你该不会想说我可以违法吧？"我又问。

"我……嗯……我得去准备董事会会议了。回聊。"

之后，乔布斯再没因此事找过我。媒体总是将乔布斯描述成一个冷酷无情的独裁式领导者，但事实上，对于那些在工作时认真负责、在做决定时有理有据、在有必要时据理力争的人，他会打心眼里尊重他们。

激发学习力的应用套装 iLife

18 世纪晚期,德国教育家弗里德里希·福禄贝尔(Friedrich Froebel)发现,游戏是促进儿童学习的最佳方式。经研究,他发现人们的创造力是与生俱来的,而在教学环境中提供教学类手工材料和玩具(福禄贝尔将自创的教学类玩具称为"恩物"),鼓励学生动手游戏,将能够最大限度地挖掘他们的创造力。该理念旨在通过孩子们认真对待并喜欢的方式来使他们接受教育,而非通过他们认为无用且感到无聊的方式去强迫他们学习。正是由于这一理念,我决定将工作重心放在如何为数字原生代打造数字版"恩物"上。在我眼中,技术如同 21 世纪的"恩物",因为它能将各种各样的动手学习活动囊括其中。我知道,苹果公司 iLife 软件套装就是一款能为教育所用的"恩物"。

苹果公司于 2001 年底发布了 iLife 套装,它由一组用于创建、管理、编辑和发布媒体内容的关键应用程序组成,包括 iMovie、iPhoto、iDVD、iWeb 和 GarageBand 5 款软件。彼时,iLife 软件套装是以捆绑的形式销售。后来,苹果公司将其预装在了 Macbook 上,随机附赠。依据布鲁姆分类法,创造是一种高层次的技能。我深知,iLife 套装中的每一款应用程序都能提高学生们的学习和创造能力。

iMovie 是一款可以创建和编辑视频的应用程序,用户可以通过这款应用程序,轻松打造堪称专业级别的高品质视频。学生们能够利用它,轻而易举地掌握一项宝贵技能。几年之后,YouTube 应运而生,这项技能变得更加有用。学生们还可以利用他们创作的视频分享自己的观点,而在此之前,只有好莱坞电影公司和日本动漫公司才能做到这一点。

学习的挑战　　My Life at Apple

　　学生们可以利用 iPhoto，以创造性的方式导入、存储、管理、编辑和打印照片。如今，在信息的海洋中，学生需要快速提取出有用信息并加以理解、应用，从而产生"一图胜千言"的效果。不论是对学生还是对教师而言，这款应用程序都能够轻松地为他们查找、准备和使用照片，将使他们的演讲如虎添翼。

　　使用 iDVD 上的场景、菜单、幻灯片和家庭影片等功能，学生们可以定制自己的专属 DVD。完成刻录之后，他们便能在任何 DVD 播放器上播放专属 DVD 作品。我的儿子乔纳森在申请萨凡纳艺术与设计学院时，正是利用这款应用程序制作了他的作品集，并成功申请到了奖学金。

　　学生们无须掌握编码技术，便可直接利用 iWeb 来设计、开发并在网上发布自己的博客或网站。这款应用程序推出的时机可谓恰到好处，因为彼时万维网刚刚开始流行起来，这就使得任何有机会接触到计算机和调制解调器的人，都能够在新的数字世界中发布自己的作品。

　　2004 年，iLife 套装添加了一款新的应用程序——GarageBand。学生们能够轻松利用它创作和编辑自己的音乐作品，还可以为自己的视频打造独一无二的音乐声效。这些应用程序极具创意，学生们将 GarageBand 和 iLife 套装中的其他应用程序结合使用，便可以尽情展现自己的才华。比如，他们可以先利用 iPhoto 创建和编辑照片，再在利用 iMovie 创建和编辑的视频中使用这些照片，然后利用 GarageBand 为其创建和编辑背景音乐，并利用 iDVD 将其刻录到定制的 DVD 中。最后，他们还可以将其发布到利用 iWeb 设计和构建的网站上，并对这些作品进行讨论、推广，甚至销售。对于学生们而言，他们等于同时拥有了数字版的工作室、舞台和观众。

第 12 章 用新技术实现挑战性学习目标

我逐渐认识到 iLife 能够以具有创造性的方式挖掘学生的潜力，便开始将 iLife 的开发重点转向教育领域。后来，这款软件套装成为数百万学生重要的学习工具。苹果公司还推出一项深受大众喜爱的天才营销活动，利用这项营销活动，这个创造性软件套装最终获得了巨大成功，甚至在教育领域赢得了一个知名奖项。当然，福禄贝尔在推广其理念上做得也相当不错。他将创造的创新式教具和教学活动融合到一些特殊项目之中，并为了落实这些特殊项目，创办了创造性游戏中心（他称之为"幼儿园"）。后来，人们将福禄贝尔誉为"幼儿园之父"。

持续探索新技术的教育价值

iTUNES

在我重新回到苹果公司时，除 Mac OS X 和 iLife 之外，iTunes 也是公司当时的重点项目。iTunes 的产生是一个有趣的故事。

1999 年 6 月，企业家肖恩·范宁（Shawn Fanning）和肖恩·帕克（Sean Parker）共同创建了一项免费的音乐文件共享服务，他们将这款软件称为"Napster"。该平台率先为人们提供 MP3 格式歌曲文件的下载服务。在某平台上可以下载歌曲文件的这种独特服务的消息一开始传播，这一平台便迅速风靡，一年之内，8 000 多万世界各地的用户注册了该平台。然而，这个平台免费分享享受版权保护的歌曲的行为，违反了版权法。这彻底激怒了音乐艺术家和音乐发行商，因为他们没能从自己创作或发行的音乐中挣到一分钱。

学习的挑战　My Life at Apple

刚开始，Napster 软件只能在 Windows 上运行；2000 年，Macintosh 版本的音乐分享软件也得以发布，名为"Macster"。虽然 Macster 也取得了一定程度的成功，但远不及 Napster 辉煌。善于抓住机会的乔布斯，看着这款应用程序取得的成功，意识到了音乐流媒体的巨大市场需求。在这些非法音乐文件共享应用程序的启发下，苹果公司得以进一步发展。2001 年，苹果公司以线上音乐商店的形式推出了类似服务的合法版软件——iTunes。

iTunes 中包含几百万首歌曲，并以每首歌 99 美分的价格出售给用户。如此一来，在无须购买整张 CD 的情况下，歌迷们可以直接购买、分类、访问喜爱的歌曲。当时，我对这款应用程序很感兴趣，并认识到 iTunes 的模式未来将在苹果公司的各款产品中发挥出重要作用。然而彼时，苹果公司仅将其作为音乐流媒体服务和发行平台。它不仅没有其他功能，并且只能在 Macintosh 上运行。我认为，这一限制使得 iTunes 失去了数百万的潜在用户。

起初，我还不知道在教育领域如何使用 iTunes，才能最大化地发挥其价值。虽然通过"教师专属 X"计划，Mac OS X 系统得以被学校广泛接受和使用，但对多数学校而言，Macintosh 本身依然过于昂贵。即便我们在"教师专属 X"计划中免费向教师们赠送该系统，但昂贵的 Macintosh 也大大限制了参与该计划的教师数量。对我们来说，这无疑是一个棘手的难题。

我深知，若想让技术真正给教育领域带来变革，那么苹果公司需要提供一系列价格更加低廉的产品。幸运的是，彼时我们已经有了一款价格合适又十分有趣的产品。

iPods

2001年10月23日，即Macintosh版iTunes发布一个月后，苹果公司推出了备受大众期待的音乐播放器iPod。iPod是一款便携式媒体播放器，同时也是iPod Touch、iPhone和iPad等多款产品的前身。首款iPod推出6年之后，iPhone和iPad才相继发布。在iPod发布会上，乔布斯在台上介绍这款产品为"将1 000首歌装进你的口袋"，这无疑是公司历史上最令人难忘的时刻之一。如此简单明了的一句话，就淋漓尽致地体现了乔布斯独有的风格。他巧妙地用语言描绘了一幅引人注意、扣人心弦的场景。iPod上运行的软件是iTunes，因此从本质上来说，iTunes就是iPod的操作系统。同时，iTunes还可以实现音乐等媒体在计算机和其他兼容设备之间的互传。当时，索尼公司推出的随身听也相当流行，但通过随身听播放歌曲无法改变CD上固定的播放顺序。而iTunes则与之不同，用户不仅能够创建个性化的播放列表，还能够在不同设备之间实现同步。2003年4月，iTunes添加了iTunes Store的功能。如此一来，用户可以即时播放歌曲和电影，再也不用去实体店购买CD和DVD了。

早些时候，我便开始思考应如何在教育领域使用iPod。但当时大多数学校都明令禁止学生使用iPod，可能因为担心学生会使用iPod听超酷的音乐而非无聊的讲座。我认为，iPod应成为一种能够运行多款应用程序的平台，而非仅仅播放音乐。但若想要实现这一点，我必须向苹果公司证实这种观点的可行性。我很想让乔布斯考虑将播客功能整合到iPod中，这样我就可以将该功能应用于教育领域，并向学校进行推广。

因此，我开始深入研究播客技术，并思考此项技术如果能够被人们广泛使用，将为教育领域带来哪些可能性。彼时，播客技术尚处于起步阶段。虽然它并非一项革命性的技术，但我认为，如果添加视频点播、即时

学习的挑战　My Life at Apple

消息和互动课程等内容，它完全有可能成为一项革命性的技术。那时我只有一个模糊的概念，不过这类功能最终在 iTunes U 上得以实现。

有一次，我的营销团队去费城参加一场教育会议，团队成员在空闲时间参加了历史悠久的"自由之行"散步活动。他们在旅途中为苹果公司正在创建的播客收集了大量内容。他们不仅记录了导游的解说，还为沿途的每个地标拍了照片。回到苹果公司后，技术人员将各种照片和视频收集起来，并通过编写代码完成了一个完整的播客作品。我向公司的软件工程师展示了该作品，并阐释了在 iPod 上提供这类功能的重要性。我指出，如果 iPod 上具备这类功能，我便可以说服学校管理者，就算不鼓励学生们在校使用 iPod，至少允许他们使用它。工程师们很喜欢这个想法，并同意在 iPod 上提供这类功能。但对于是否应将其设计成一款独立的应用程序，他们仍然犹豫不决。最终，他们决定在 GarageBand 中添加播客功能，也就是说 iLife 套装的一部分可以应用于教育领域。这与我的想法如出一辙，如此一来，我便能说服学校管理人员，以新的视角来看待 iPod。

2003 年初，我的营销团队的成员斯蒂芬妮·汉密尔顿（Stephanie Hamilton）参观了阿拉斯加州的一所小学。她在那里的亲身经历，证实了 iPod 确实能在教育领域发挥巨大作用。当时，她正在某间四年级教室里随意走动，观察学生们的所作所为。随后，她看到一个当地女孩正在更新播客，内容是介绍阿拉斯加州本土文化。彼时，人们会利用播客来"实现在互联网上传送作品，使用户能够将各类作品下载到本地计算机或其他移动终端上进行收看或收听"。汉密尔顿便留意观察这名女孩的作品，她发现作品点击量已经超过了 1 万次。"哇！点击量好高。你挺出名啊！"汉密尔顿说。女孩头也没抬，回答道："哦，昨天的点击量就有这么多了。"汉密尔顿曾是一名教师，她简直不敢相信，这些孩子创作和发布原创作品的速度竟会如此之快，他们的热情竟会如此之高。后来，她

196

向我讲述了那次经历，我更加深刻地认识到，对于苹果公司而言，寻找方法挖掘孩子们天生的创造本能是何等重要。

iTunes U

苹果公司的工程团队对我关于播客的想法给予了支持，并将其设计成 GarageBand 的一项功能，这无疑让我备受鼓舞。我决定继续尝试充分利用 iPod（以及后来的 iPhone）中的技术。我一直认为，人们利用 iTunes 可以听讲座、观看课程和阅读书籍。我对这一想法非常自信，甚至在一次"前 100 强"会议的演讲陈述结尾，我明确说明了这一想法。在那次演讲中，我向大家描述了一款我想象中的教育版 iTunes——iTunes U。学生们可以通过 iTunes U 随时随地获取教育类视频、播客、软件，甚至特定课程和教科书章节。我深知，如果成功打造了 iTunes U，它将有潜力成为一个一站式教育平台，并为整个学习过程提供重要辅助。

在提出 iTunes U 的想法时，我十分幸运地得到了 iTunes 业务副总裁埃迪·库（Eddy Cue）的支持。他甚至同意为 iTunes U 的开发提供资金。乔布斯一直以来都只想将 iTunes 打造成音乐平台，我们猜测他很有可能会否定我的想法，所以我决定暂且不告诉他这件事情。但我认为 iTunes U 的开发势在必行，故而此时"先斩后奏，方为上策"。直到很久以后，当斯坦福大学校长打电话告诉乔布斯，iTunes U 深受学校学生喜爱时，他才得知这款应用程序的存在。

这通电话使乔布斯认识到，可以将 iTunes U 看作一个用于发布数字内容的平台系统。利用这个平台，人们可以在任何设备上发布、获取各种作品和管理工具，实现电子商务的运作和教育内容的传播。然而，他指出，他"不想唤醒任何沉睡的巨人"，言下之意就是不想让其他公司占得先机。于是，为了不动声色地开发项目，他决定不公开宣传 iTunes U，而是靠高校学生们自然而然地口口相传。

直到 2007 年 5 月 30 日，苹果公司才正式推出第一代 iTunes U。此后，任何人都可以使用 iTunes U 来免费获取顶级大学的课程内容。当时，苹果公司官方的新闻稿将其描述为"iTunes Store 中的一个提供免费公开课的专门区域，课程内容由斯坦福大学、加州大学伯克利分校、杜克大学和密歇根大学等知名学府共同打造"。能够与这些知名学府合作非同小可。每年都有成千上万的学生梦想着能进入这些知名学府求学，然而只有极少数人能够梦想成真。如今，iTunes U 的出现，让他们有机会在自己家中直接观看并学习这些知名学府的课程内容。无论是娱乐内容，还是教育内容，人们都只需单击一下便可将其加载到 iPod 上。多年来，这还是第一次。

推出第一年，iTunes U 的下载量就超过了 400 万次。2007 年 11 月 4 日，《华盛顿邮报》专栏作家杰弗里·塞林格（Jeffrey Selingo）发表了一篇关于 iTunes U 的文章，标题为《iTunes U 适合你吗？》。文章中，他详细描写了麻省理工学院德高望重的教授沃尔特·卢因（Walter H.G. Lewin）如何使用 iTunes U。一夜之间，数百万人通过这篇文章了解了这一平台，从而使 iTunes U 的用户群激增。

在 iTunes U 的早期发展过程中，虽然播客技术在科技行业受到越来越多的关注，然而播客本身并未得以普及。于是，我开始尝试在各种会议和商展上对其进行宣传。有一次，我得知一场大型商展即将开展，便请求商展的组织方安排我进去，好让人们更多地了解播客。但组织方以时间已经排满为由，拒绝了我的请求。他们还称，即便还有空余时段，他们可能也无法答应我，因为他们从未听说过播客。在我的软磨硬泡之下，商展的组织方终于答应了让我参加。但他们能给我安排的唯一时段就是鸡尾酒会的开场时段。通常情况下，这个时段很少有人愿意听演讲陈述。我告诉他们，我愿意一试。在活动当晚，我的演讲反响强烈，很多人争相要求了解更多关于 iTunes U 和播客的信息。现场的火爆程度甚至让消防部门以人数太多，会导致安全隐患为由，封锁了大门，不再放人进入。这促使我在那晚晚些时候，又进行了第二次演讲。那一刻，我意识到，播客将会变得十分流行。

从早期的各种衡量标准来看，iTunes U 算得上是成功的。然而，它也并非没有局限性。例如，各所大学在提供教育内容时，仍是以单调的授课为主。传统授课模式是一种效率极低的教学模式，这是被多次证实过的。在 iTunes U 上，用户无法与教授或者其他学生产生互动。因此，我一直以来都极力尝试在 iTunes U 上添加互动这一功能。最终，iTunes 团队决定将 iTunes U 上的音频内容与视频内容分开。他们将音频内容从 iTunes 移到独立的 Podcasts 应用程序中，iTunes U 应用程序只保留视频内容。

iTunes U 成为一款专门的应用程序有利有弊。有利之处是这一平台在升级之后变得更具交互性，从而使教师能够更大程度地参与到学生的学习中去。但成为独立应用程序的弊端实在太大，使得有利之处不值一提。此前，所有操作系统均可运行 iTunes。从 iTunes 中删除 iTunes U 功能，并将 iTunes U 独立出去，这就意味着以后 iTunes U 只能在苹果公司生产的设备上使用。这大大限制了使用人数。后来，各所大学突然停止添加新的教学内容，无疑又给 iTunes 带来了致命打击。2017 年，苹果公司彻底关停 iTunes U，并将其内容移到了 Podcasts 应用程序中。当然，该应用程序也只能在苹果公司的产品上运行。

苹果零售店

早些时候，我曾确定的苹果公司重点投资领域之中，还剩最后一个领域——苹果零售店。2001年初，就在苹果公司即将推出第一家实体店的时候，零售业务高级副总裁罗恩·约翰逊（Ron Johnson）做了一件很多人都不敢做的事情，他当面向乔布斯提出了异议。这种事情在苹果公司极为罕见，苹果公司有个不成文的规定：你如果想对乔布斯提出异议，那么最好有足够充分的理由，除此之外，你最好有一个比他更好的解决方案。

那一次，约翰逊称乔布斯所设计的零售店布局完全不合理，并指出我们不应围绕产品，而应围绕促销活动来设计。约翰逊提出这个建议后，乔布斯考虑了一会儿，然后点头赞同了约翰逊的建议。但乔布斯想先看看效果如何，于是要求约翰逊将苹果公司位于巴布路的空置门店打造成一家样板店。

很多人都认为约翰逊的建议的确不错。但考虑到他还必须打造一家样板店来证明自己的想法，而苹果零售店的盛大开业就在眼前，因而有不少人认为此时提出这一建议有些晚。然而约翰逊迅速完成了任务，向乔布斯展示了他设计的样板店。第二天，乔布斯向苹果公司领导层宣布了一个令人震惊的消息：苹果零售店将推迟开业，并由约翰逊重新设计。

众所周知，乔布斯经常要求员工在极短的期限内完成一些看似不可能完成的任务。但对于乔布斯而言，快速处理事情远不及以正确的方式处理事情重要。任何仔细研究过苹果公司的人都会发现，计算机、图形用户界面、便携式音乐播放器、音乐流媒体服务、手机、平板电脑、智能手表等，苹果公司从来都不是首位开发者。而它比其他企业做得更好

第 12 章 用新技术实现挑战性学习目标

的地方在于，对于已经存在的技术，苹果公司能够认识到其全部潜力，从而开发出超乎人们想象的优质产品，并以完美的方式将其展现出来。换言之，苹果公司并非发明家，而是创新者。"在科技盛宴中，我们并非是最先到场的，"乔布斯曾在接受采访时说，"但我们会成为场上最耀眼的存在。"

随后，约翰逊顺利完成了对苹果零售店布局的重新设计。2001 年 5 月，苹果零售店盛大开业。在最初的两年时间里，苹果零售店每年的营业收入都超过了 10 亿美元。零售店的成功促使乔布斯做出决定，他要让苹果零售店开满世界各地。我更加确定，在可预见的将来，不论是时间还是资金，零售业都将是苹果公司的 4 大重点投资领域之一。

面对苹果零售店数量的疯狂增长，我需要做的事情，就是想办法使教育业务利用这种发展趋势有所发展。因此，在 2002 年底，我找到约翰逊，希望通过合作在实体店中加入教育方面的内容。在许多人眼里，这个想法十分荒谬，因为他们认为商店存在的目的是销售产品，而非教育孩子。然而，我在担任教育副总裁期间，自始至终都持有这样一种观点：只有向人们展示清楚产品"为什么"重要，才能够促成销售。不论是我在亚特兰大对吉姆说的，还是在前 100 强会议上对乔布斯说的，或是对销售大牛以及其他任何愿意倾听的人说的，无一不是以"为什么"为重点。约翰逊非常开明，给了我极大的支持。随后我们达成协议，即他的零售部门将与我的教育部门合作，共同开发苹果公司的第一项店内教育计划"School Nights"。

"School Nights" 计划旨在让学生能在晚上参观苹果零售店，并自由使用店内产品完成功课、处理问题、创建媒体作品和设计演示文稿等。美国各地的学生都可以参与这一计划，他们不仅可以尽情地玩，还能从

学习的挑战　My Life at Apple

中学到知识和技能。对大多数学生来说，这种方式使他们耳目一新。后来，我们还邀请家长前来欣赏他们孩子的数字作品，并共同庆祝一番，为家长和孩子留下特殊的记忆。

我清楚地记得，就在我们举办第一次"School Nights"时，一个梳着马尾辫、歪戴棒球帽的四年级女孩引起了我的注意。她在用一台Macintosh全神贯注地制作一部电影，但影片的画面尺寸很小，这让我很好奇。于是我问她："你不想将它调大一点吗？"她毫不犹豫地摇了摇头："不，我不能调大。如果调大了，画面就会开始像素化。"我禁不住想：哇，看来她真的很了解她制作的东西。"而且如果文件太大的话，就无法发送给北京的伙伴学校。"她补充道。这件事情令我印象深刻，但并未让我觉得惊讶。因为不论是那名阿拉斯加女孩制作播客的故事，还是我的儿子克里斯和Apple II的故事，或是世界各地数百万数字原住民经历的故事，都与此事没有本质上的区别。

"School Nights"计划持续办了几年之后，逐渐发展成一项更好的计划——"Apple Camp"。参加"Apple Camp"计划的孩子们不仅能自由参观苹果零售店，还能免费学习音乐创作、视频编辑、机器人技术、编程等课程。后来，"Apple Camp"计划变得相当火爆，以至于每家苹果零售店都不得不将未能参与计划的人安排到等候名单上去。从某种意义上说，苹果零售店相当于数字化的创造性游戏中心。我相信，倘若福禄贝尔还在世的话，也会为此感到自豪。

第 13 章

作为远见卓识者的乔布斯

MY LIFE AT APPLE

如果你在做一件令你兴奋并且真正关心的事，那么你将无须被督促。愿景会牵引着你。

——史蒂夫·乔布斯

第13章　作为远见卓识者的乔布斯

几乎没有人会否认，乔布斯是有史以来最伟大的远见卓识者之一。他为个人计算机领域带来的革命只是一个开始。在此基础上，他或直接改变或间接影响了各种各样的产品，其中包括笔记本电脑、操作系统、软件、音乐播放器、电话、平板电脑、智能手表和电视等。同时，他创建的基于应用程序的平台和苹果商店，使得成千上万的新兴企业家有机会开创业务、开拓市场。如果将由模仿者开发的事物也考虑在内的话，乔布斯的成就更大，称他"在美国历史上给人们带来了最为广泛的技术革新"也不为过。在我看来，他是一个当之无愧的"远见卓识者"，有足够的能力和勇气去设想、开发和推广尚不存在的未来。

有时像乔布斯这样的人给公众的印象是有先见之明，或者是比较幸运，抑或两者兼而有之。当他们成功地改变世界时，人们会将其视为"远见卓识者"和"创新天才"；但当他们失败时，人们就会将他们称为"盲目乐观者""梦想家""生活在'现实扭曲力场'里的人"。媒体就曾用"生活在'现实扭曲力场'里的人"这种惹人生厌的说法来形容乔布斯，暗示他与现实脱节。虽然这个说法听起来很酷，但它本身是错误的。一方面，现在尚未真实存在的事物，谁能确定未来一定不会出现呢？另一方面，某些事物在一个人看来不真实，并不意味着它就一定不真实。"人们只能感知他们看到的东西。"拉尔夫·沃尔多·爱默生曾如是说。人们对美的感受会因人而异，对现实的感受也同样如此。

在眼界这一点上，乔布斯尤其擅长在新技术出现之前预测世界将会随着技术的革新如何发展。他不仅有着极为精准的直觉，而且总能挖掘大量具有创造力的人才，与他一起将创新想法变成现实产品。他如果认为自己预想的未来发展得太慢了，就会亲手去创造未来。这早已不是什么新鲜事了。在我认识乔布斯之前，他就已经具有这种天赋了。正是基于这种天赋，他决定与沃兹尼亚克一起创办苹果公司；也正是这种天赋，使他说服我离开惠普公司，加入他早已规划好的改变世界愿景的队伍中来。

乔布斯对未来目标的判断通常很准，但抵达目标的途径并非一成不变。在他的愿景中，虽然最终目标很少改变，但抵达目标的途径会随着自己不断学习而发生变化。与历史上的某些远见卓识者不同，他总是愿意走出自己的舒适区，主动向其他人学习。我知道，不少人都认为乔布斯是个极端自我主义者。但事实恰恰相反，他几乎随时随地保持着一种虚心、开放的学习态度。接受并支持约翰逊重新设计苹果零售店就是一个很好的例子。

我还知道一个乔布斯向苹果公司外部人士学习的例子，这个例子虽然鲜为人知，但不失为一段佳话。故事始于乔布斯与长期执掌联邦快递的首席执行官弗雷德·史密斯（Fred Smith）的一次谈话。我早就知道，乔布斯对史密斯怀有极大的敬意。因此，当我得知乔布斯从他与史密斯的谈话中受到启发时，并没有感到惊讶。但他们谈论的事情带来的影响和变动之大，着实让我感到很吃惊。彼时，苹果公司在物流上采

第 13 章 作为远见卓识者的乔布斯

取的策略，一直都是先将货物运往美国各地的几个大型配送中心，再由配送中心为消费者进行配送。而史密斯告诉乔布斯，苹果公司应彻底放弃这种策略，将产品直接从生产基地运送到消费者手中。

史密斯在飞机上向乔布斯提出的这个建议可不是小规模的调整，它会给苹果公司的业务结构带来重大变化。如果采纳的话，苹果公司的业务运作模式将被彻底改变。经过一番深思熟虑之后，乔布斯决定采纳史密斯的建议，很快他在高管会议上下达了通知：苹果公司将关闭所有配送中心，从今往后所有产品将从生产基地直接向客户发货。当时，我们全都无比震惊。没有人料到乔布斯会做出如此决定，尤其是那些负责管理配送系统的人，他们很快意识到自己极有可能失业。虽然没有人明着说出来，但当时有不少苹果公司高管认为乔布斯的这项决定并不明智。此举最终促使苹果公司建立了 Macintosh 的生产工厂。随着时间的推移，苹果公司的利润有了显著的提高。当然，在采用新的货运模式之后，联邦快递也因此获利颇丰。

永远保持虚心、开放的态度

大量书籍、节目和文章都谈到过对乔布斯产生深远影响的人，其中常被提及的人包括英特尔公司创始人罗伯特·诺伊斯、甲骨文公司创始人拉里·埃里森（Larry Ellison），以及每一位出现在《非同凡"想"》广告中的知名人士。我认识的乔布斯，不仅总是主动结识他所敬仰之人并向他们学习，还会经常与我们分享他从这些人身上学到的东西。在我们的谈话中，他最常谈及的 3 位影响者分别是：索尼公司创始人兼前首席执行官盛田昭夫、惠普公司联合创始人比尔·休利特，以及在创造力

学习的挑战　My Life at Apple

方面给他带来最深远影响的华特·迪士尼。

乔布斯经常谈到他是如何在日本索尼公司总部遇到盛田昭夫的，又有多么佩服盛田昭夫的商业直觉，以及当他得知盛田昭夫对他同样怀有敬佩之情时，他是多么激动。他还告诉我，这位受人尊敬的索尼创始人曾亲自带他参观了索尼公司。后来他再去索尼公司时，还可以随意参观、与员工交谈。随着时间的推移，他们之间建立起深厚的友谊，一直持续到盛田昭夫去世。

盛田昭夫于1999年去世，享年78岁。即便在盛田昭夫去世之后，索尼公司和苹果公司仍继续保持着稳定的合作关系，甚至一起合作过几个大型项目，乔布斯对盛田昭夫的敬佩之情由此可见一斑。虽然我并不知晓乔布斯与盛田昭夫相处时的具体细节，但我知道乔布斯对这位创始人建立和经营索尼公司的方式相当着迷，而这种方式对乔布斯建立和经营苹果公司的方式产生了极大的影响。

第二位对乔布斯产生深远影响的人是休利特，他也是我就职于惠普公司时的上司。在我看来，在苹果公司的早期发展中，休利特对乔布斯产生了最为直接的影响。乔布斯在青少年时期曾冒昧地打电话给休利特，向他索要一些闲置的计算机零部件。休利特还给乔布斯安排了他的第一份实习工作，即在惠普公司的装配车间做频率计数器。在我加入苹果公司之后，乔布斯问我能否将他引荐给休利特，我很快就安排了两人见面。

这次会面令我记忆犹新，我永远都不会忘记当时的我是何其荣幸、何其幸运。那时，我迈入休利特的办公室，介绍我最尊敬的两个人相互认识。这次会面对乔布斯来说同样意义重大，因为他从未与休利特见过面，以前只通过电话与他交流过。有一次，我告诉乔布斯，在我与休利

第13章 作为远见卓识者的乔布斯

特的上一次见面中,他曾与我分享了一则重要的商业教训:"撑死的企业比饿死的企业多。"换言之,企业生存的关键在于尽可能确保整体运作简单明确,永远不要承担不必要的项目。在管理苹果公司的过程中,乔布斯一直将这一理念铭记于心。

多年后,乔布斯用自己的话进行了转述,被人们广泛引用:"我们选择不去做的8件事和我们选择去做的2件事,都令我们引以为豪。"

我认为,人们之所以一直将乔布斯视为一位杰出的远见卓识者,主要是因为他卓越的创造力和打破常规思维的能力。究竟是谁给乔布斯的创造力带来最多的启迪,这个问题依然没有明确的答案。但我可以确定,其中一位至关重要的人物是传奇动画大师和动画片创始人华特·迪士尼。不论是私下和我聊天,还是在苹果公司的高管周例会上,每当乔布斯提到有关创造力的观点时,他常常会聊到迪士尼或者引用他曾经说过的话。

在某次会议上,有人问乔布斯,如今微软公司几乎是在公然抄袭苹果公司的所有产品和服务,对此他有何看法。他与我们分享了一则他最喜欢的迪士尼语录,回应了这个问题。"每当有人问迪士尼他对山寨艺术家的感受时,他都会回答:'如果我将时间花在担心这个问题上,岂不没有时间去创新了!'"

迪士尼活跃于动画片的时代,远在乔布斯活跃于科技的时代之前,但我总感觉,乔布斯在设计苹果公司的产品时,他总相信自己在某种程度上能够从迪士尼身上获得一些创造力。我还认为,乔布斯之所以决定将皮克斯动画公司出售给迪士尼公司,其中一个关键原因正是他对迪士尼的敬佩之情。他由此一举成为迪士尼公司最大的个人股东,直接加入了由迪士尼亲手打造的大家庭之中。

学习的挑战　My Life at Apple

用超级语言表现力征服世界

　　虽然乔布斯从未想过像迪士尼那样成为动画师，但他的确一直以来都有一种不可思议的能力，他是一位用语言来描绘图景的大师。我将他的这种能力称为"语言表现力"。他能够以极具创造力的方式来使用语言，从而激励每一个人。他会广泛使用隐喻、类比等修辞手法，通过制造惊喜或以戏剧性的方式讲故事等手段，将最复杂的概念以最简单的形式表达出来。自从乔布斯告诉我他受《科学美国人》文章的启发，将计算机视为"大脑自行车"的那一刻起，我就发现了他的这种能力。

　　乔布斯首次向世界推出 iPod 时所采用的表达，也不失为他极强语言表现力的一个例子。他没有详细解释 iPod 上采用的音乐技术，也没有阐述 iPod 的独特风格。他只说了一句，这款小设备能够"将 1 000 首歌装进你的口袋"，简短且形象。每当他需要发表主题演讲，或需要解释复杂的想法或问题时，他便会利用自己极强的语言表现力。他的语言表现力似乎与生俱来，无论他面对的是员工会议上的十几名员工，还是毕业典礼上的上千名学生，或是新产品发布会上的数百万观众。

　　关于乔布斯的语言表现力，我最喜爱的一个例子发生在 1983 年，那年，我们两人为了给苹果公司做宣传，也为了招聘人才，决定在斯坦福大学的一间报告厅内举办"午餐会"。我们摆放了一些凳子，并邀请学生们与我们一同用餐。这样一来，他们便可以边吃边向我们询问他们想知道的苹果公司的任何事情。有一位学生问道："苹果公司更倾向于招聘哪种类型的人？"由于我擅长以分析性思维看待问题，所以在我脑海中立马浮现出来的答案是"拥有工程学或计算机科学学位的人""如果是应聘营销职位的话，最好拿到工商管理硕士学位"等。我还没来得及开

第13章 作为远见卓识者的乔布斯

口，乔布斯说道："你不妨试想一个圣代冰激凌。"我一脸茫然地看着他。他继续说道："圣代的精髓既不在于那两勺香草冰激凌球，也不在于那层巧克力糖浆或者奶油。事实上，其精髓甚至不是那颗樱桃。"然后他停下来，不发一语。我完全不知道他想要表达什么。

"你知道精髓究竟在哪里吗？"在卖足了关子之后，他终于说道，"在于最顶端的那几颗坚果。苹果公司想要寻找的，恰恰就是那几颗能为圣代增加价值的坚果。"换言之，苹果公司想要招聘的不仅仅是最优秀的人，更是那些足够具有创造力、能以不同方式思考问题的人。圣代的比喻瞬间使这群学生的脑海中浮现出栩栩如生的画面，经过此事，他们一下子全都想要进入苹果公司。乔布斯深谙如何让语言更具表现力的方法，所以在表达自己的观点时，他从来不用过多的语言，只采用最精准、最简练的方式。

在参加高管的营销会议时，乔布斯也常常展现出他惊人的语言表达力。他从不关注市场研究，也极少聘请外部人士来担任苹果公司的顾问。我记得他曾几次引用休利特的话强调他的观点："市场调研只针对评估现有市场有效。"言下之意就是，市场调研虽然对于分析当前市场有一定价值，但在开辟新市场方面，并没有太大意义。这并不是说苹果公司不进行任何研究，公司只是不做这种类型的市场调研。传统的市场调研是为了调查人们想要哪种产品或服务，然后公司会利用这些结果，设计和制造相应的产品或服务来满足人们的需求。乔布斯恰恰相反，他极少关注人们想要什么，而是将精力集中于创造他认为人们未来需要的产品或服务，也不在意人们自身能否意识到这一点。这与前文中提及的福特的理念并无二致。福特在制造汽车时，他从未向人们询问想要什么样的代步工具。对此，他的理由是："他们只会要一匹更快的马！"

不过，在开发新产品时，市场调研的理念早已在苹果公司的诸位高管心中扎下了根，因此每当有人引用调研结果时，乔布斯就会很不高兴。他会直截了当地提醒那些人，他们应当将重点放到开拓新市场上。他曾用一个关于飞镖的比喻来阐明这一点。他说："我们的任务不是对着靶心扔飞镖。"他将飞镖扔出去，然后指着飞镖所在的位置说："这就是我们。"随后，他在飞镖所在的那一点周围画上靶盘，并说："接下来轮到我们的竞争对手扔了。"

作为天才的幸运与无奈

虽然乔布斯似乎很享受人们将他视为一位创新者和一位极具创造力的远见卓识者，但我觉得他同样意识到了这种身份带来的弊端。人们总是觉得他应该做对、做好每件事情，并对他抱有极高的期望。在公共场合，即便他只是做出最不值一提的不当举动，也会引来竞争对手和媒体夸大其词的抨击。他们觉得，"天才"理应聪明过人，聪明人就不应做蠢事，而如果他们做了蠢事，那么他们也许根本就不是天才。这是一种常见的错误至极、愚蠢至极的关联谬误。事实上，天才也会经常犯错。甚至依我之见，犯错是必须的。关于天才也会犯错，我最爱引用的一句话出自爱迪生。爱迪生和爱因斯坦一样，都是人们公认的最聪明的人。爱迪生曾经说过："我没有失败。我成功地找出了一万种无效的方法。"幸运的是，我认识的乔布斯从未真正在意过人们对他的看法，人们是否认同或者喜欢他的想法。在他看来，历史自会给出公允的评价。

身为天才的另一个弊端在于，乔布斯往往会比其他人思考得更远更深，导致其他人无法跟上他的步伐。这种情况经常发生在谈话中。当一

第13章 作为远见卓识者的乔布斯

个人与乔布斯谈话时，双方似乎身处两个世界。通常，乔布斯并不知道对方没有听懂他的话，他觉得自己说得已经再清楚不过了，因此他会不断说下去。而与之交谈的人不想让自己看起来像个白痴，只好微笑着频频点头，试图掩盖自己的困惑。这逐渐使整场对话变成了乔布斯单方面的讲述，他很不喜欢这种状态。因为乔布斯认为，双方都能够从对话中有所收获才是他想要的。这种别人与他在远见上存在的差距令他感到沮丧。而乔布斯又是出了名的缺乏耐心，因此，当乔布斯发现对方根本听不懂他说的是什么时，事情有时会变得一发不可收拾，从而引发媒体的负面报道。

多年以来，外界一直认为乔布斯是一位经常责骂羞辱员工，甚至会将员工骂哭的老板，因此他在这方面的口碑极差。媒体给乔布斯塑造这种形象，的确能吸引人们的眼球。然而，这类描述绝对是夸大其词，甚至在我看来，这类描述可以说是子虚乌有。没错，他的确很固执，有时也很粗鲁，而且耐心极为有限，尤其当他面对那些未能完成本职工作，或者根本搞不清楚状况的人时。我认为乔布斯的这种性格是因为他"对'蠢人'的容忍度很低"。外人可能会觉得他"刻薄"，实际上他只是非常直率而已。他总是直言不讳地表达自己的感受。他认为，不管什么事情，只有直抒己见，才能更加淋漓尽致、充满激情地表达出自己的观点。这与人们说脏话的原理相同，说脏话是一种强调观点的有力方式，不过这种方式往往伴随着挑衅的意味。虽然关于乔布斯辱骂员工的谣言不少，但在我印象中，乔布斯从未骂过我，主要是因为他根本没有这么做的理由。

他之所以没有必要这么做，是因为我很尊重他。另外，我知道哪些所说、所做之事或未做之事会令他感到失望，就会对这类事情保持警惕。直率是乔布斯的典型特征，但他的本意绝非是为了贬低别人。有一次，他在接受采访时曾被问到这一点，我认为他当时总结得很好，他说："我十分直率。与我共处一室，可能产生的后果是，如果我觉得你满嘴废话，那么我可以直接说你'废话太多'，你同样可以直接说我'废话太多'，然后我们便可以针锋相对地吵上一架。"他接着谈到，这种方式能够将一流员工挑选出来，将二流员工剔除出去，这使能够留在苹果公司的人总是说："这是我经历过的绝佳体验，千金不换。"我完全同意。

我认为，乔布斯之所以总是如此直率，还有另外一个原因，那就是他难以信任别人。虽然他身为一名营销大师，但在内心深处他从未真正信任过销售人员以及任何他认为自己难以理解和认同对方目标的人。与他打过交道的人基本上很快就会发现，想要糊弄他是不可能的，甚至还会触及他的雷区。我在苹果公司任职的第一天就认识到了这一点。当时，乔布斯光着脚，盘腿坐在那张会议桌上，当着销售员的面检查对方带来的打印机，并说，"这就是一堆垃圾"，然后看都不看一眼。那时的情景令我觉得，乔布斯不仅打心眼儿里讨厌这个产品，同时他还认为，供应商试图将此产品卖给他就是一种极不尊重他的表现。在我看来，乔布斯心里会认为，供应商一定很清楚这款打印机质量不行，但他们依然想卖给我。如果他认为对方是在欺骗他，并拿他当傻子，那么他会毫不犹豫地当场戳穿并给予反击。

乔布斯也很讨厌借口。他总是给我们施压，要求我们做得更好。他坚信，如果事情足够重要，那我们一定会找到办法解决。在会议上，如果哪位高管没有完成乔布斯要求的任务，乔布斯就会询问原因。而如果这位高管只会找借口，那么乔布斯就会毫不留情地当场拆穿。

我记得，在一次营销部门的高管会议上，有位高管正在找借口，说到一半时，被乔布斯打断了。"你知道吗？"他说，"今早我走进办公室时，

第 13 章 作为远见卓识者的乔布斯

发现垃圾桶还没清空。所以我打电话给保洁员，问他是怎么回事。他说，他没有我办公室的钥匙。"然后，乔布斯一语不发，环视着会议上的每一个人。会议室里鸦雀无声，像是过了一个世纪那么久。我们感到很困惑，不知道他此言何意。"保洁员可以找借口，但你们享受不了那个待遇！你们都是副总裁，不可以找借口。"通过这件事，我们清楚地认识到了这一点。

乔布斯讨厌的另一件事，是有人用冗长的陈述或长篇大论，试图证明他所做之事的合理性。他告诉我们："知道自己在说什么的人，根本不需要演示报告。"苹果公司的所有人都知道，如果你与乔布斯参加同一场会议，那么你发言时最好对自己要讲述的内容理解得十分透彻，并能在一分钟之内阐述清楚，否则你就惨了。如果你没做到以上两点，那么乔布斯不仅会打断你的发言，还会直接掐断他认为的低水平演讲，让你马上坐下，闭嘴。事实上，苹果公司一直都是一家节奏很快的公司，那些在乔布斯看来无法跟上公司发展步伐的员工，很快就被淘汰掉了。

苹果公司的大多数员工都知道，在乔布斯的心目中，一个人要么是天才，要么是白痴，介于两者之间的人几乎不存在。但他同样认为，一个人可能在一种场合下表现出天才的一面，在另一种场合下则表现出白痴的一面。甚至他偶尔还会承认，之前自己认为某人是白痴是自己判断失误。当然，这种情况并不常见。只有某人对自己要讲述的内容理解得十分透彻，并有勇气站出来反驳他，才会发生这种情况。毫无疑问，在他面前据理力争并不是一件容易的事情。当一个人选择这样做时，他必须对所述内容极有把握，否则他会失去这份工作。

在前文中，我已经分享过约翰逊反驳乔布斯的例子。当时，约翰逊称苹果零售店需要重新设计，并且成功说服了乔布斯。另外，还有一个

学习的挑战　My Life at Apple

与我相关的例子，那是在苹果公司早期，公司正在准备推出 Lisa 计算机，于是我聘请了一位年轻女士来管理相关的运营培训工作。不久之后的一天，乔布斯碰见了她，并询问了她的工作内容。我不知道在那次谈话中究竟发生了什么，但它导致乔布斯在凌晨 2 点打电话给我，并坚持要我解雇那位女士。然而，那位女士不仅工作认真负责而且为人和善，我根本没有理由解雇她。于是我告诉乔布斯，她是我手下的一位出色员工，如果他想解雇那位女士，那就得先解雇我。他沉默了一会儿，然后挂断了电话。几个月后，他打电话给我，对那位女士赞不绝口，夸她是一名出色的培训经理。我大笑起来，赶忙提醒他："别忘了你之前还想炒她鱿鱼呢！"只有当我对某事或者某人有十足的把握，并认为非如此不可时，我才会挺身而出，反驳乔布斯。在那件事上，他也承认了我是对的。

还有一些其他人反驳乔布斯的例子，我记得最有趣的例子发生在埃迪·库身上。当时，埃迪·库在信息技术部门工作，准备为线上商店做一份提案。那时候，埃迪·库还是个自信满满的年轻人。他做了十分充足的准备，在会议上发表演讲。他正在演讲时，乔布斯打断了他，并面带困惑地问道："你是哪位？"乔布斯环视了一圈会议室，显然是在等有人能够给出答案，但大家都只是安静地坐着。他转头看向埃迪·库，埃迪·库正准备自我介绍一番，乔布斯却说道："坐下，你根本不知道自己在说些什么。"

埃迪·库不情不愿地坐下了。我们能从他脸上的表情看出来，他真的很想完成演讲。乔布斯起身，开始谈论埃迪·库在演讲中提到的话题，埃迪·库打断了他。他认为乔布斯没有提到他的某项发现，于是自己提了出来。所有人难以置信地看着眼前发生的事情。埃迪·库显然很紧张，在他说完之后，乔布斯指着他说："我刚不是让你坐下闭嘴吗？"埃迪·库道了歉，于是乔布斯重新讲了起来。

第 13 章 作为远见卓识者的乔布斯

没过几分钟，埃迪·库又在乔布斯发言时插话。再次被打断的乔布斯愤怒地瞪了他一眼，但没有反驳埃迪·库的观点，只是继续他的发言。片刻之后，埃迪·库又一次打断了乔布斯，这一次他提了一个自己看来十分不错的主意。乔布斯一脸难以置信地看着他，但还是让他把话说完了。在埃迪·库说完之后，我们都猜想，他大概已经决定卷铺盖走人，甚至在脑中都已经写好求职简历了吧。但这一次，乔布斯耐心等埃迪·库说完，之后，他思考了片刻，然后对埃迪·库说："嗯。你说的没错。这个主意的确很好。"

埃迪·库的例子就能很好地证明，如果你十分清楚自己所述内容，并愿意为之据理力争，就能赢得乔布斯的尊重。后来，埃迪·库成了苹果公司的软件和服务高级副总裁，也是公司能力最强、最具影响力的领导者之一。像乔布斯这样极富远见之人，往往对傻瓜的容忍度很低；但对那些能够赢得他信任和尊重的人，容忍度却很高。所以，那些人都能守得云开见月明。

第14章
私交中的乔布斯

MY LIFE AT APPLE

墓碑上写着"最富有的人",对我而言毫无意义。能够在临睡前自豪地说"今天我做了很棒的事情",这才是我真正在乎的。

——史蒂夫·乔布斯

第14章 私交中的乔布斯

世人皆以一个远见卓识者的形象来看待乔布斯。在这种形象背后，还有一个鲜为人知、只有在私交中才能接触到的乔布斯，这是大多数传记和电影都未能准确捕捉到的。认识他的人都知道，大多数传记或电影里关于乔布斯的描述被夸大了，有些甚至纯属虚构。每当有人向沃兹尼亚克问及这类关于乔布斯的描述是否准确时，沃兹尼亚克都会回答："全是胡说八道！"我完全同意他的说法。许多畅销书或热门电影都将重点放在了描绘乔布斯的缺点上，而这些缺点其实并不真实存在，只是创作者的主观臆断而已。这就导致乔布斯在大众眼中的形象是一个严苛的上司。但正如我在前文中所说，这种形象与我认识的乔布斯有着天壤之别。如果要选择一个词来形容乔布斯的私人形象，我会选"复杂"一词。

他可能是你最大的支持者，同时也可能是你最大的批评者。他会在公共场合表扬你、支持你，但又会在私底下斥责你，他始终坚持自己的态度。关于自己为什么对别人有如此苛刻的要求，他的理由也十分充分。他曾在接受某次采访时解释过："和善待人、让他们得过且过，从来都不是我的任务。我的任务是督促他们变得更加优秀。"他的性格、行为和特征，无一不体现着他的复杂性。他既充满激情、极富创造力、标新立异、目标明确、坦诚直率、有识人之才、有趣、体贴，又严格苛刻、缺乏耐心。是的，他有不完美之处。凡此种种，构成了一个完整的乔布斯。乔布斯身边的每个人都对他有不同的看法，因为我们每个人都看到过别人不知道的乔布斯。

"为我们 20 年的友谊干杯"

当我回顾整个职业生涯中的点点滴滴时，毫无疑问，最为精彩的是在苹果公司的两次工作经历，这些经历足以让其他经历黯然失色。这两次经历都给我的生活带来了巨大的改变。俗话说，"生活不在于你经历了什么，而在于你与谁一起经历"。我何其幸运，能有机会与有史以来最伟大的远见家一起走过一段旅程。他是苹果公司的领导者，却总让我感觉他视我为并肩作战的同事，视我为公司的无形资产，视我为难得的朋友。这对我而言意义重大，令我永生难忘。

在我看来，乔布斯不仅是一位非凡的领导者和导师，还是我的好朋友。乔布斯究竟将苹果公司的人（包括我在内）视为朋友，还是仅仅将我们视为同事，这一点很难说。虽然我与乔布斯经常随意聊一些私人话题，但很长一段时间里，我仍不能确定他是否把我当成朋友。直到有一天，我和乔布斯为庆祝巴黎第一家苹果零售店开业而共进晚餐时，答案才得以揭晓。

那次晚宴上，数十名苹果公司高管都争先恐后地想要坐在乔布斯旁边，或者至少引起他的注意，而我选择了坐在桌子的另一边。当时，我心情特别好，不仅因为我喜欢巴黎，而且零售店的开业也让我感到兴奋不已。出乎意料的是，乔布斯端起一杯酒（我之前从未见他做过这种事情），看着我说道："约翰，为我们20年的友谊干杯。"至今，我仍不知道那时的他为何会说那句话。那天晚上一如往常，并没有发生任何特别的事情。虽然他此言没来由，但听到这句话，我的确非常惊喜。那是一个令我永生难忘的时刻，因为他很少在公共场合将同事称为朋友，这不是他惯常的行事风格。他真的是一个很复杂的人。

还有一次，我携前妻塔拉去苹果公司园区参加一场产品发布会，乔布斯也说了一句令我动容的话。实际上，自推出Macintosh以后，苹果公司就以举世罕见的速度推出各种新产品。在大型营销策划方面，乔布斯一直有着常人难及的天赋。我很高兴能与塔拉一起参加那次发布会，多年来，她经常听我聊起乔布斯，但一直没有机会亲自见他一面。于是，那天在活动结束之后，我将她带到乔布斯面前，介绍他们相互认识。他礼貌有加，相互寒暄了一阵之后，他突然搂着我的肩膀对塔拉说道："塔拉，约翰是个难得的好人。"这又是一次我从未预料到的感人时刻。虽然这句赞赏的话微不足道，但对我而言意义重大。我知道，在很多人看来，这些不过是些随口说说的场面话而已，但事实上，乔布斯从不说场面话。

"我能在哪里认识一位好妻子？"

从某种程度上而言，真正理解乔布斯复杂性格的人并不多。而乔布斯和我之间曾发生过的一件事情，让我觉得自己对他的复杂性格有了更深的了解。事情发生在1982年一次去欧洲出差的途中。当时，我们刚在意大利登机，机长突然宣布，因受炸弹威胁，他们需要将行李全部卸下飞机，并要求我们留在座位上。我和乔布斯从来没有遇到过这种情况，茫然无措地看着彼此。我们都知道，炸弹威胁确实非同小可。我们心里最大的疑惑是："他们此时为什么还要卸行李？难道不应该疏散乘客吗？"两个人面面相觑，都很紧张。

我们忐忑不安地等待着疏散乘客的通知，像是等了一个世纪那么久。突然，乔布斯转过头来，对我说道："你知道吗？我真的很佩服你，约翰。你在工作上和我一样努力，但你拥有一个幸福的家庭。我也想成家。"乔布斯极少聊到这类私人事情。但真正出乎我意料的是，他接着又问道："你觉得我能在哪里认识一位好妻子？"

刚开始，我无法判断乔布斯此言究竟是真心发问，还是为了转移我们的注意力。随后，我意识到，他是真的在等我给出答案。在此之前，我甚至没有想过他也会考虑这种事情。因为他一直沉迷于工作，从未真正抽时间出来做其他事情，更别提组建家庭了！我只好回答说："呃……我也不知道，乔布斯。我是在大学里结识我妻子的，但你没读完大学。如果你平时去教堂的话，也可能会遇到合适的人，但你却从不去教堂。"随后，我们又讨论了一些其他的可能性，最终，我们不得不承认这些可能性都极其渺茫。他认为，他难遇良人的主要原因是他无法判断对方是因为名声和财富对他感兴趣，还是真心喜欢他。

那次谈话之后，我开始意识到，乔布斯的私人生活之所以单调，并非因为他不想拥有丰富多彩的私人生活，而是因为他很难信任别人。显然，巨额财富和显赫名声也给乔布斯带来了孤独感。多年以后，在乔布斯知道自己大限将至时，他给我打了一通电话，我们聊了很久。那通电话中，最令人难忘的莫过于他跟我说："约翰，在我认识的人中，你是最值得信赖的人之一。"这句话对我来说，有重大的意义，因为我知道，他一生从不轻易相信别人。在其他人看来，这类正面评价似乎微不足道，

第 14 章 私交中的乔布斯

但了解乔布斯的人都知道，他并不经常给别人以赞美或表达正面评价。因此，每当他说这种话时，哪怕只有只言片语，对他而言必定意义非凡，对我而言更是如此。

1980 年末，苹果公司首次公开募股，我记得当时我们所有人都特别高兴。首次公开募股的成功意味着，这些年我们经历的风险、做出的牺牲和辛苦工作都得到了回报。对于苹果公司的大多数人而言，最大的回报是我们证明了个人计算机市场确实存在。一直以来，我们都知道自己正在做一些能够改变世界的事情，但并不确定这类产品的价值能否被世人认可。

起初，乔布斯本人和苹果公司面对着众多批评。许多人认为，苹果公司只不过是一家不知天高地厚的新兴创业公司，试图在现有计算机市场上与 DEC、惠普公司和 IBM 等大型企业展开竞争。但作为苹果公司的内部人士，我们深知事实并非如此。而苹果公司首次公开募股大获成功，这无疑是对我们的一种肯定，尤其是对乔布斯而言。

首次公开募股后，最有趣的事情莫过于外界人士对我们的态度的转变。媒体和大多数公众似乎更关心苹果公司"一夜暴富"的经历，而非我们的产品。以前几乎很少和我们联系的合伙人，如今奇迹般地成为我们最好的"朋友"。不过，那段时间里，其实发生了许多令人困惑的事情。

在与乔布斯经历过那次飞机事件之后，我又回想起我们在首次公开募股后经历的那段令人困惑的日子。我意识到，乔布斯作为一个公众人物，这种困惑肯定一直伴随着他，当他问我如何才能找到一位好妻子时，他真正想问的其实是如何信任他人。

学习的挑战　My Life at Apple

精力只放在最主要的事情上

对于某些人而言，致富是他们的目标，而非达到目的的手段。所以，这类人大都缺乏致富之路上所需的远见、激情及屡败屡战的毅力。如果一个人将目标放在特定结果（即经济回报）上面，那么他将很难获得有意义的成功。乔布斯就从未关心过如何才能变得富有。在我认识他的这些年里，我从未听他提及财富的重要性。自始至终，他的精力都集中于尽全力打造最佳产品，并将它们送入需要之人手中。具有讽刺意味的是，我认为，他从未关心如何变得富有恰恰是他能如此富有的原因之一。正如俗话所说："如果你能将精力放在最主要的事情上，成功自会水到渠成。"

一开始我就知道，乔布斯创立苹果公司并非为了赚钱。但首次公开募股不久后发生的一件事，让我对此有了更加深刻的认识。彼时，我和乔布斯都住在洛斯加托斯，而且我们两家离得很近。他家总是一尘不染，但没多少家具。事实上，除了一幅马克斯菲尔德·帕里什（Maxfield Parrish）的画、一盏蒂芙尼的灯、一套瑞典音响设备、一张直接铺在地板上的床垫和一个带有三个抽屉的衣柜之外，就没有什么别的家具了。

有一天，我去他家，发现他家门前的草坪上有张纸片。这很少见，因为他总是将院子打理得和房间一样干净无比。于是，我捡起那张纸片，准备扔进垃圾桶。但当我细看时，我立刻惊呆了。这张"废纸"实际上是一张750万股的苹果公司的股权证书，在当时价值约为4亿美元。我敲了敲他的门。他开门后，我把股权证书递给他，说："这是你掉的吧？"他看了一眼，笑道："谢谢，可能是被风吹出去的。"然后，他毫不在意地拉开衣柜最上面的抽屉，将股权证书扔了进去。

第 14 章 私交中的乔布斯

那时，我才真正意识到，乔布斯真的一点儿都不在乎钱。多年后，在他接受一次关于教育的采访时，有位记者专门问到关于他个人财富的问题。乔布斯只是巧妙地讽刺了一下人们如何将金钱视为成功的"衡量标准"，紧接着就将话题转移到学生上面，因为这才是他真正关心的事情。他说道："1979 年，我走进一间拥有 15 台苹果计算机的教室，看到孩子们在用这些计算机，这太棒了。这些才具有里程碑式的意义。"这就是我熟悉的乔布斯。

2011 年，我受邀参加在斯坦福大学教堂举行的乔布斯追悼会。彼时距我在乔布斯的院子里发现那张股权证书已有 31 年之久。当时，甲骨文公司的联合创始人拉里·埃里森也参加了追悼会。埃里森是乔布斯的亲密商业伙伴之一。他极其富有，富到了令其他亿万富翁相形见绌的地步。当时，在《福布斯》发布的全球富豪排行榜上，埃里森名列第 5，拥有 400 亿美元的净资产。截至 2020 年 7 月，他的资产已超过 720 亿美元。

多年来，埃里森一直都是苹果公司的董事会成员，也是乔布斯的朋友。因此，在乔布斯的追悼会上，听他讲述他所认识的乔布斯，这对我来说并不意外。他讲了一个故事，正是这个故事让我回想起多年前我在乔布斯门前草坪上捡到的那张股权证书。埃里森说，他和乔布斯在夏威夷都有房产。有一天，他们一边沿着海滩散步，一边讨论乔布斯是否应重归苹果公司。埃里森告诉乔布斯，以他们两人的净资产，完全可以联手收购苹果公司，然后大赚一笔。突然，乔布斯停下了脚步，看着他说："埃里森，我们根本不需要这么多钱了。我需要回到苹果公司，只因为理应如此。"看来，乔布斯在 55 岁时对金钱的态度，与他在 25 岁时没什么不同，在我看来，这毫不奇怪。

沉默的慈善家

从微软公司退休后，比尔·盖茨创立了比尔及梅琳达·盖茨基金会，成为一名全职慈善家。之前，他因创立及运营微软公司而获得了良好声誉和公众认可；如今，他在慈善领域也理所当然地获得了这些。相比之下，乔布斯的慈善捐助则极少受到公众的关注。有时，媒体甚至会抨击他捐得太少！时至今日，还有许多人不知道，乔布斯实际上是一位活跃的慈善家。他为自己关心的事业捐赠了数百万美元，捐赠对象包括非营利组织、慈善活动举办方、需要帮助的个人以及癌症、艾滋病等严重疾病的研发团队等。

大多数人都不太了解乔布斯的慈善捐赠，主要原因是他并不想让人们知道。盖茨是一位以公开方式捐赠的慈善家，而乔布斯是一位以低调、匿名的方式捐赠的慈善家。

许多富有的人和有能力做慈善的公司在为各种事业和组织捐款的同时，也乐于接受捐款带来的好处。捐款带来的好处大体包括公众的赞誉，以及商业声誉、品牌形象和品牌知名度的提升等；更加具体的好处包括税收抵免或抵扣、获得董事会成员资格，甚至拥有建筑物的冠名权等。虽然公开捐赠具有很多好处，但乔布斯从不觉得他需要以这种方式来获得公众的认可。

我个人并不反对以公开的方式做慈善，甚至我自己也多次进行公开捐赠。在我看来，慈善捐赠活动当然是越多越好；但我同样认为，我们至少能认识到以公开方式捐赠与以隐秘方式捐赠（我称之为"沉默行善"）之间的区别，这一点很重要。

第14章 私交中的乔布斯

在苹果公司高管会议上,乔布斯有时候可能声音不小,但在涉及慈善事业时,他总爱保持沉默。大多数人都不知道,乔布斯大部分的捐款都是以匿名的方式进行的,并且乔布斯明确禁止所有知情人士向外界透露这类信息。乔布斯曾是一位公众人物,如今在大多数人心目中也依然如此,但我认识的乔布斯其实是一个十分注重隐私的人。在涉及私人事务时,他往往喜欢低调行事。

虽然乔布斯的多数慈善捐赠都是以匿名的形式进行的,但偶尔也会出现知情人士泄露他是捐赠者的情况,或者出现苹果公司在经他许可下进行大笔捐赠的情况。因为捐赠信息属于财务披露的一部分,所以上市公司进行慈善捐赠时,公司必须予以公开。乔布斯有几次备受关注的公开捐赠正是出于这个原因。2006年,苹果公司与U2乐队的主唱保罗·戴维·休森(Paul David Hewson)展开合作,通过参与这位音乐家发起的"红色计划"来为"抗击艾滋病、结核病和疟疾全球基金"(The Global Fund to Fight AIDS, Tuberculosis and Malaria)筹集资金。苹果公司设计了红色特别版的iPod,并为iPod、iPad和iPhone设计了一系列红色配件,旨在引起人们对"红色计划"的关注。每售出一件苹果公司红色电子产品,就会有10%的金额直接汇入该基金会。

即便如此,仍有媒体报道指责乔布斯和苹果公司在慈善事业上做得太少。休森挺身而出,替乔布斯做了回应。休森写信给《纽约时报》称,乔布斯是迄今为止全球基金的最大捐助者,他通过苹果公司已经捐助了数千万美元。休森还指出,当他找乔布斯谈合作时,乔布斯二话没说就同意了。当时,乔布斯还说:"没有什么比挽救生命更值得去做。"也正是这种信念,他得以成功游说加州立法者,使该州建立了全国首个为肾脏移植设立活体捐赠者登记处。随后,其他州纷纷效仿这一举措。

学习的挑战　My Life at Apple

授人以渔，则让人终身受用

　　乔布斯和苹果公司同样改变了许多人的生活。我一直惊叹于设计精良的产品对人造成的巨大影响。2004年，一个五年级男孩用宽格纸亲手给乔布斯写了一封信。他在信中谈到，他的学校没有苹果计算机，这令他感到沮丧。他还说，Macintosh比他学校里的计算机要好得多，因为Macintosh能够让他轻松完成他想做的各种创意作品。随后，他简单介绍了这些作品，并在信的结尾处询问乔布斯能否给他寄一台Macintosh。

　　我猜想，乔布斯在读这封信的时候，大概回想起了年少时，他曾向惠普公司的比尔·休利特打电话，向他索要备用计算机零部件的事情。在苹果公司，我们每天都会收到成百上千封信件，人们会通过写信向我们索要各种各样的东西。然而，这封信得以吸引乔布斯的关注，不仅因为它字里行间所体现出来的真情实感，还因为它包含了乔布斯和我一直极为看重的品质。乔布斯将信转交给了我。我读完之后深受触动，并对这位学生的坦诚和主动感到由衷钦佩。

　　随后，我给那位学生寄去一台免费的Macintosh作为礼物，希望能助他实现梦想。多年之后，我早已忘记那位学生和那份礼物，那位学生却依然记着苹果公司。在他高中毕业那年，他给我寄了一份申请斯坦福大学的论文复印件。他在文中写道，这个世界上有3个人对他产生了极大的影响，而我是其中之一，因为我曾寄给他一台Macintosh。他还谈及他利用那台Macintosh来编排校园戏剧、设计作品以及开展各种创造性的活动，并获得了巨大的成功。几个月后，我再次听到了这个年轻人的消息。这一次，他告诉我，自己被斯坦福大学计算机科学专业录取，并询问能否一起吃顿午饭，这样他就可以见到我本人了。实际上，乔布斯和苹果公司的其他人曾送出过成千上万份礼物，而这个例子只是其中之一。即便没有任何媒体宣传，这些礼物依然给许多人的生活带去了不可思议的影响。

乔布斯始终坚信优质产品能够给人们带来巨大影响，我认为刚才的故事同样证明了这一点。他对苹果公司的产品有着坚定的信念。乔布斯始终相信，只要我们能开发出足够优秀的产品，就是对社会最好的馈赠。他曾经向我解释说，他回馈给社会的真正礼物是创造先进的平台。人们可以在这些平台上创建各种各样的软件和应用程序，许多企业甚至能进一步通过这些软件给社会带来更多回报。结识乔布斯之后，我最大的收获在于认识到了金钱犹如指间之沙，终究会流逝，无法留下任何痕迹，而只有精心设计的平台和系统，才能对世界产生最为深远的影响。他认为，通过打造具有活跃生态系统的数字平台，我们将能够为慈善组织提供更丰富的资金筹集手段，慈善组织由此筹集的资金将远非任何个人和公司所能及。正所谓："授人以鱼，仅供一食之需；授人以渔，则终身受用无穷。"我认为，乔布斯的理念就是这句经典格言的 21 世纪版。我认识的乔布斯不仅屡屡授人以渔，而且自始至终都致力于打造世界上最优质的钓鱼竿，将其交到人们手中。

第 15 章

我在苹果的精神领袖

MY LIFE AT APPLE

我是一个坚持不懈的人。

——史蒂夫·乔布斯

第 15 章 我在苹果的精神领袖

2004年夏天,我与苹果公司其他员工同时收到了乔布斯患有胰腺癌的邮件。此前只有乔布斯的家人和医生知道他的病情,所以这一令人震惊的消息让所有人都猝不及防。在此之前,我丝毫没有察觉到他有任何生病的迹象。我知道胰腺癌的预后很差,一想到可能会失去他,我就心烦意乱。当时他只有49岁,也就是在那个时候我才意识到,他之前总说担心自己会英年早逝,可能并非无稽之谈。我比他还年长8岁,这一不幸的消息无疑给我敲响了警钟,让我时刻铭记:谁也无法保证明天能否到来,活着的每一天都值得珍惜。

后来我才得知,起初乔布斯拒绝了以控制癌症为主要目标的现代医疗手段,想通过改变饮食和尝试不同类型的替代疗法来对抗癌症。在他意识到这些疗法都不起作用之后,他才决定接受手术治疗,并承认他不应该只采用替代疗法。

因为生病,乔布斯开始休假,蒂姆·库克以临时首席执行官的身份接管了苹果公司。乔布斯离开公司后不久,我们得知他的手术非常成功,肿瘤已被切除,他只需要慢慢恢复即可。我真的很想相信他已经治愈了。

我依然记得，在得知他手术成功的消息后，我暂时松了口气，但我还是有一种隐隐的担心。当我看到乔布斯精神饱满地回到苹果公司继续工作时，我心里的石头终于落地了。

然而好景不长。2006 年至 2008 年，乔布斯看起来总有些虚弱，我意识到他的身体可能又出了问题。虽然他的思维依旧十分活跃，但他的身体每况愈下。我不由心生恐惧，担心乔布斯的癌症可能复发。2008 年 8 月的一个星期三上午，乔布斯正与我们一些高管开会，彭博新闻社突然发布了乔布斯的讣告！乔布斯觉得这件事很可笑，还在接下来的一次主题演讲中提及了此事。他笑称："关于我的死亡报道实在太夸张了。"他的幽默感是那段黑暗时光中的一盏明灯。

2008 年 12 月，菲尔·席勒代替乔布斯发表了主题演讲，我开始意识到情况可能不太好。2009 年 4 月，苹果公司的员工收到一份公务便条，上面写着，乔布斯的健康状况比他原想的要更加复杂，他不得不再次休假。那一刻，我们知道噩梦成真了。乔布斯称，库克将重新担任首席执行官，而他自己将担任董事会主席。此次病休期间，他接受了肝脏移植手术，手术很成功。2009 年，他再次返回苹果公司担任首席执行官。然而，到了 2011 年 1 月，他再次病休。同年 8 月，他辞去了苹果公司的首席执行官一职。2011 年 10 月 5 日，我的老板、导师和朋友——史蒂夫·乔布斯，在家人的陪伴下在家中去世。

乔布斯，一切皆有可能

得知乔布斯去世的噩耗时，我正坐车去往得克萨斯州。当时，我和

第15章 我在苹果的精神领袖

教育团队的成员比尔·兰金（Bill Rankin）正要去做一场演讲。在过去的几年里，我眼睁睁地看着乔布斯身体不断恶化。我心里知道，这一天终将来临。即便如此，这一噩耗依然令我感到无比沉痛。虽然那天我仍旧按照之前的计划完成了演讲，但那次是我这辈子做过的最难的演讲。

乔布斯在临终前依然有条不紊地处理着所有事情，令我十分敬佩。我从未看见或听见过他抱怨、责怪任何事或者任何人。即便大限将至，他也依旧以积极的心态和高度的热情全身心投入工作之中。库克说，他与乔布斯的最后一次谈话全都与工作相关，一点没有谈到私事，对此，我一点儿都不意外。我知道，直到最后，他仍然一心致力于将苹果公司调整到最佳状态，实现自己的愿景。

我有时会问自己，如果我发现自己的生命只剩最后一年了，我会选择如何度过？我很可能会把所有事情都安排好，然后赶紧去完成遗愿清单上未实现的梦想。然而，乔布斯一心一意只想实现他的愿景，这使他不知疲倦地工作，直到生命的尽头，就连癌症也无法阻止他前进的步伐，这令我无法不敬佩他。据说，乔布斯在弥留之际曾写下这样一句有力且发人深省的话："你可以雇人为你开车，但你无法雇人替你躺在病床上。"

在我眼里，乔布斯不只是苹果公司的创始人，他还是苹果公司的化身。他真的做到了改变世界。从个人层面上来说，他改变了我的生活，改变了我家人，甚至我家族未来几代人的生活。对于数百万苹果公司的股东、员工、客户以及他们的家人而言，乔布斯也以或直接或间接的方式，给他们现在及未来的生活带来了不可磨灭的影响。一个人居然能以如此多种的方式，对如此多的人产生如此巨大的影响！而乔布斯曾两次亲自邀请我进入他的人生、与他并肩同行，这也让我感到荣幸之至！

这些年，我站在乔布斯身边，目睹他逐渐成长为一个优秀的领导者、一个成熟的人。对我而言，这无疑是一段难忘的旅程。我看着他从一个心怀梦想的天真年轻人，成长为一个为实现目标勇往直前的远见家；我看着他从一个没有经验的管理者，成长为一个经验丰富、成熟强大的领导者；我看着他从一个不愿接受失败的人，成长为一个乐于接受失败、将失败视为灵感源泉的人；我看着他从一个丝毫不顾及别人感受，一个无法理解、无法容忍别人持有不同想法、不同信仰的人，成长为一个懂得尊重他人的人。

乔布斯不仅博览群书，而且对事物的演变有着十分深刻的理解。当他谈及个人计算机时，他经常将其比作发动机，并描述它是如何从一个在日常生活中实用性极为有限的巨大装置，逐渐演变成一个全世界几乎家家户户都在用的微型机器的。如今，计算机能够为包括手表、玩具在内的一切事物赋能。然而，相较于利用计算机为一切事物赋能，我认识的乔布斯总是对为人类赋能更感兴趣。这也正是他专注于为个人用户提供最佳体验的原因，即便他必须放弃企业用户，放弃更大的销量和更丰厚的利润。

乔布斯让我懂得，应始终跟随自己的直觉，相信自己，学会用不同的方式思考问题，而不是盲目地跟随他人。我认为，他在斯坦福大学毕业典礼上的演讲完美地诠释了这种理念。那次演讲使我认识到，我们应花时间去回顾过往、理解过往的种种经历，并从这些经历中受到启发，从而引导自己迈向更有意义的未来。

如今，无人能否认乔布斯为世界创造的遗产。他将永远是最伟大商业领袖的代名词，他富有远见的领导力将继续激励世界各地一代又一代的艺术家、发明家和企业家。他影响了数十个行业，包括计算机硬件和软件、移动设备、音乐、电话、电视、相机、计算器、股市以及互联网等。即便在众多领域拥有如此骄人的成就，他依然会说："实际上，我们选择不去做的许多事情和我们选择去做的少量事情，都令我引以为豪。"

曾经有人问我，如果我能在乔布斯去世之前与他进行最后一次谈话，我会说些什么。当时我并不知道如何回答这个问题。在思考了一段时间之后，我心里才渐渐有了答案。首先，我要向他承认，当初我应努力说服斯科特让乔布斯来领导 Lisa 团队，而我负责该团队的管理工作。我一直有这种想法，但没有合适的机会告诉他。其次，我还想与他深入聊聊我的信仰。我并非试图使他信仰我信仰的宗教，而是想让他知道：我们之中许多人都相信，人在死后会去往另一个世界；即便他不在这个世界上了，他永远也不会真正离开；他的记忆、他无与伦比的精神和他的遗产将永存于世。我不知道他是否会认同我的说法，但我相信他会认真倾听，不会断然认为我说的都是不可能的事。因为他一直认为，一切皆有可能。

沃兹尼亚克，永远年轻，永远热爱

在苹果公司多数产品的发布会上，天生的表演家乔布斯总会在临近结束时说一句十分讨喜的话："哦，没错，还有件事儿。"后来，人们将这句经典名言视为发布会上的"还有件事儿"部分。乔布斯频繁使用这句话，使得员工和媒体都热切期待它带来的巨大惊喜。乔布斯此言的本意，是指他保留了一些重要内容，想在发布会的最后与大家分享。这些内容可能是一款新产品、一项重要公告、一场特殊的音乐表演等。因此，我现在也将推出本书的"还有件事儿"部分：斯蒂夫·沃兹尼亚克。

学习的挑战　My Life at Apple

我自始至终都十分钦佩和尊重史蒂夫·乔布斯，但在苹果公司，还有一位 Steve 同样令我无比钦佩。自从我加入苹果公司，一颗友谊的种子就悄然种下，最终成长为一棵大树，这是一棵我与另一位公司联合创始人斯蒂夫·沃兹尼亚克（另一位 Steve）友谊的大树。这段友谊对我而言意义非凡。在加入苹果公司之前，虽然我没有机会结识沃兹尼亚克本人，但他的大名早已如雷贯耳。彼时，他就因成功开发出 Apple Ⅰ而在硅谷工程师中享有盛誉。当时，乔布斯的名气还没有那么大。从工程技术角度而言，沃兹尼亚克已经是业内许多人士心目中的技术大师。

沃兹尼亚克是一个非常安静、喜欢独处的人。他手头的项目不断，因此他总是埋头设计各种工程原理图。他对管理苹果公司从未产生任何兴趣，总是一心想要设计并制造能让公司脱颖而出的产品。多年来，随着我们越来越了解对方，我意识到我和沃兹尼亚克有很多共同点。我们都是加州大学伯克利分校的毕业生，都沉迷于工程技术领域，也都曾就职于惠普公司。另外，我们都对教育领域充满热情，也都很喜欢伯克利当地的一家热狗摊——头牌热狗（可能是西海岸的最佳热狗品牌）。我们都对计算机非常着迷，但我对软件更着迷，而他对硬件更着迷。我们之间有许多共同点，而且经常聊天，这使得我们的友谊持续至今。

沃兹尼亚克和我有很多共同点，但他和乔布斯并没有太多共同点。在联合创立苹果公司之前，虽然他们已经是多年的朋友，但这种友谊似乎并非因为志趣相投，而是被对方身上不同于自己的独特气质吸引。虽然他们都相信并沉迷于技术的巨大潜力，但他们挖掘这种潜力的方式截然不同。乔布斯雄心勃勃，希望苹果公司能够打造出改变世界的产品。相较而言，沃兹尼亚克并没有太大的野心，他只想制造计算机以及一些小装置。打造革命性的产品，并以此改变世界从来都不是他的目的，他热衷于打造产品，纯粹是为了看自己究竟能不能做出来。

第 15 章 我在苹果的精神领袖

显而易见，乔布斯和沃兹尼亚克拥有截然不同的性格，这也正是他们如此契合的原因。我一直认为，对于苹果公司而言，乔布斯是它的大脑，沃兹尼亚克是它的心脏。乔布斯是位营销天才，但他并不是位伟大的工程师；而沃兹尼亚克是位传奇工程师，但他对市场营销毫无兴趣。乔布斯雄心勃勃，想将苹果公司打造成世界上最伟大的公司；沃兹尼亚克也同样激情满满，想让他的发明成为世界上最优秀的发明。他们两人都不太关心金钱。乔布斯赚钱，只因为这能让他继续做他需要做的事情，从而实现他的愿景；而沃兹尼亚克赚钱，只因为这能让他有足够的资金来制造更好的机器。

乔布斯其实是一个很友善的人，但他在公共场合中并不经常展现自己友善的一面；而沃兹尼亚克可能是我见过的最和蔼可亲的人，任何认识他的人都会毫不犹豫地承认这一点。有时人们认为乔布斯过于严厉，部分原因可能是沃兹尼亚克太过友善，但这对乔布斯来说并不公平。因为与沃兹尼亚克比起来，大多数人可能都不够友善！当然，你可以认为，在硅谷，他们表现出来的两种截然不同的性格，是典型的"一个唱红脸，一个唱白脸"。

苹果公司的员工都知道沃兹尼亚克为人极其善良，这一点甚至比他广为人知的恶作剧更有名。早些年间，他做了两件非常令人震惊的事。第一件事发生在我加入苹果公司之前。当时，他在设计制造出 Apple Ⅰ不久后，就决定将其设计的源代码免费贡献出去。这意味着，甚至在人们尚不知道"开放源代码软件"一词时，他就已经有了这种意识。和乔布斯一样，沃兹尼亚克也走在了时代的前列。对于沃兹尼亚克而言，他发明创造的真正意义就在于将其分享给有需要的人。

另一件令人震惊的事发生在苹果公司首次公开募股之后。当时，沃兹尼亚克发现自己突然之间身价高达数亿美元。大多数拥有股票期权的苹果公司员工最先做的两件事就是投资和买房，而沃兹尼亚克没有这么做。他做的第一件事是拿自己手中的股票回馈苹果公司所有员工。他在公司的自助餐厅摆了一张桌子，然后以首次公开募股之前的超低价格，将他个人持有的股票转让给了那些未获得股票期权的员工。这无疑是极其慷慨的举动，但沃兹尼亚克并没有想太多，在他看来，这么做再自然不过了。我亲眼看到沃兹尼亚克这样做，这令我感到无比震撼。这件事也对我后来的慈善捐赠产生了深远的影响。

在苹果公司工作的早年间，沃兹尼亚克和我一直都是普通朋友的关系。在1981年他遭遇飞机事故之后，我们才越走越近。彼时，我一得知他飞机失事的消息，便取消了周末的计划，立刻开车赶往医院，陪伴他和他的家人。我心情忐忑地坐在医院大厅里，不知道他能不能挺过来。那个时刻，是我生命中最恐惧难安的时刻，我只有不停地祈祷。得知他成功渡过难关时，我由衷地感谢上帝。

在我第二次加入苹果公司后不久，另一个因素使得沃兹尼亚克和我的关系变得更加亲密。之前在学校工作10年的经历，使得我充分理解了教育的本质，于是我满怀热情，重新回到了苹果公司。当时，除了仍在开发一款新型遥控器之外，沃兹尼亚克几乎已经不再负责苹果公司的研发工作。不过那时候，他专注于为公立学校的孩子们捐赠计算机，并拿出时间亲自去教室教授孩子们如何使用计算机。正是这种对教育事业的共同热爱，使我们之间的友谊更加深厚。甚至在我没有提出任何要求的情况下，沃兹尼亚克在他的办公区域为我安排了办公室，这样我们就有更多时间进行沟通、加深联系。

在那段时间里，我开始意识到沃兹尼亚克有多么爱孩子，这也正是

第15章 我在苹果的精神领袖

他投身于教育事业的原因。他有一颗非常年轻的心。比起那些无聊的成年人，他更喜欢和有趣的孩子们待在一起。无论走到哪里，他都习惯带着一个人人都知道的玩具包，里面装满了各种有趣的数学题和锻炼批判性思维的游戏道具。他非常喜欢玩电子游戏，尤其是经典拼图游戏《俄罗斯方块》。众所周知，直至今天，他仍会在各种活动或者音乐会上故意挑后排座位，如此一来，他就可以神不知鬼不觉地在任天堂游戏机上玩俄罗斯方块！

我认为，我和沃兹尼亚克是在他爱上珍妮特·希尔后才真正成为至交的。希尔是我的同事，也是与我关系十分要好的朋友。1998年，我与希尔初次相识于国家教育与计算机会议。当时，她负责向苹果公司展位的工作人员发放公司专属T恤衫。那时，她还不认识我，不知道我是苹果公司最早的员工之一，也不知道我是公司的副总裁。当时，我走向放着T恤衫的桌子，微笑着说道："嗨！我是约翰·库奇。我可以帮朋友多领一件T恤衫吗？"

希尔微笑着问我，能否出示一下苹果公司员工卡。当时，我不记得自己是否带了员工卡，于是开始在各个口袋中翻找。此时，在希尔身边工作的年轻女士靠了过去，压低声音告诉她我是教育部门新任副总裁，也是她的上司。希尔一听尴尬极了。最后，我找到了员工卡，正要向她出示时，她赶忙对我说："您想领多少件都可以。"不久之后，我们在工作中多有合作，一直持续了15年之久。

多年后，我重新提起那件事，希尔说，她以为那天我会解雇她，然而那时我连想都没想过。实际上，我觉得那件事情非常有趣。并且，提醒希尔的那位年轻女士，最终成了我的妻子，这大概就是苹果公司T恤衫的魅力吧！

希尔善良又体贴，因此当我得知她和沃兹尼亚克在一次"极客"游轮之旅上相识并坠入爱河时，我并未觉得意外。2008年，他们喜结连理。但以沃兹尼亚克的性格，举办传统婚礼实在没劲。因此，他们没有像大多数夫妇那样在教堂举行婚礼，而是决定在赛格威平衡车大会上结婚！这对新人没有"步入"礼堂，而是骑着赛格威平衡车完成了婚礼仪式。

在成为沃兹尼亚克的妻子之后，希尔本可以选择直接退出职场，过清闲的生活，但她并没有这么做。希尔选择了留下来继续工作，因为她坚信，我们在苹果公司教育部门做的事情意义非凡。

在我认识的人中，沃兹尼亚克夫妇最为友善。如今，我们已经如同一个大家庭。他们会经常来我家做客，我们一起共享美食，共饮美酒。2021年初，为了纪念我和沃兹尼亚克数十年的友谊，我的伊登酒庄推出了一款名为"沃兹的霞多丽"的特别版葡萄酒。

第 16 章

继任者领导下的苹果教育

MY LIFE
AT
APPLE

虽然当时我并没有意识到，但事实证明，被苹果公司解雇是我一生中遇到的最好事情。

——史蒂夫·乔布斯

第16章 继任者领导下的苹果教育

能作为一把手负责苹果公司的教育业务长达16年之久，我感到很幸运。在担任教育副总裁期间，我花了大量时间去帮助教师和学生，在此期间我在苹果公司学到的东西和他们一样多。因为乔布斯在掌管苹果公司后，无论是作为新产品部门副总裁、董事长还是首席执行官，他都建立了一种与众不同的企业文化。这种文化围绕着企业的快速成长而设计，并在很大程度上依赖创造力、疯狂的想法、冒险精神和公司上下高度统一的共同愿景。乔布斯从不畏惧打破规则，毫不在意既定的组织层级和规范。他几乎总是选择追寻创新、直觉和本能，而非遵循传统路线。这也正是在苹果公司工作会令人感到如此特别的原因。

然而，好花不常开，好景不常在。乔布斯逝世之后，我感到我心爱的苹果公司逐渐变得面目全非。更糟糕的是，我极其信任的"销售大牛"巴里·赖特突然宣布辞职。我知道，这将给苹果公司，尤其是教育部门带来毁灭性的打击。10多年的共同工作，我和赖特已经变得十分亲密。名义上我是他的直属上司，但实际上我一直把他当作平起平坐的同事。作为销售主管，他不仅是教育团队的重要成员，而且还是苹果公司教育业务能够在短短几年内从10亿美元增长到91亿美元的主要功臣。事实上，赖特彼时在苹果公司已经具有不小的影响力，是一位值得我信赖的盟友。因此，我曾鼓励他直接与首席执行官库克合作，负责所有销售方面的事务。我认为，此举是我做过的最佳决定之一。因为如此一来，赖特无与伦比的销售才能将使整个公司获益，而非仅限于教育部门。当然，这同样意味着，他的离职不仅对教育部门，而且对整个苹果公司都带来了巨大的打击。随着极富远见的领导者乔布斯的逝世，以及极富才华的销售大牛赖特的离职，我意识到，苹果公司将不复从前。我也预料到教育部门将会发生许多变化，但令我始料未及的是，整个苹果公司都将面目全非。

应对数千个教育市场的挑战

乔布斯去世后，库克接任苹果公司首席执行官的职位，拥有了更多的管理公司的权力。赖特离职后不久，库克开始在全公司范围内实施重大变革，其中包括对教育部门的重组。回想当初，乔布斯将我召回苹果公司，把解决教育业务持续下滑的任务交给了我。他坦承，他不确定教育业务的问题出在营销上还是销售上。为了解决这一问题，他决定双管齐下，以不同的方式组织教育部门。虽然苹果公司的其他部门均按职能划分，但当时乔布斯决定将教育部门的营销和销售组合到一起，由一位副总裁（也就是我）统一领导，以此提升教育部门的凝聚力。如此一来，销售团队和营销团队之间的沟通便会很顺畅。我有幸处在一个独一无二的职位上，能够同时管理两个团队。这种特殊的组织方式最终给公司带来了丰厚的回报。但现今，苹果公司由库克接管，他有自己的想法。

在乔布斯掌管苹果公司期间，教育部门作为一个整体，由我负责，

第16章 继任者领导下的苹果教育

我的直属上司是库克。但随着乔布斯的离去，库克决定将教育部门按职能重新划分，使其更符合苹果公司的传统组织结构。为了实现这一目标，他决定将教育部门的整个销售团队从我的职权范围中划分出去，转而由苹果公司新任销售副总裁、美国联合航空公司的前首席财务官负责。随后，他又亲自招聘了一位重点负责销售的教育副总裁。这意味着，如今教育部门不仅被一分为二，还同时拥有两位教育副总裁！

面对这些变化，我看在眼里，急在心上。因为这意味着，苹果公司的教育部门即将从一个深谙如何为客户提供优质服务的特殊部门，变得毫无独特性。最糟糕的是，教育部门还将由一批懂销售，但并不了解教育市场复杂性的人来运营。这些变动完全违背了乔布斯重建苹果公司教育部门的愿景。我相信，在乔布斯的愿景中，教育部门的重点任务是为学生和教师构建良好的学习环境，而不仅仅是销售产品。但苹果公司如今由库克掌管，他决定将教育部门拆分开来，还原成之前十年销售下滑期的组织架构。

苹果公司教育部门发生的变动还远远不止这些。教育部门销售团队被划分出去，由教育销售副总裁负责。在我离职时，教育销售副总裁又增加了3人！库克还将我和我的营销团队划分到产品营销部门，并由产品营销部门副总裁菲尔·席勒负责管理。一夜之间，我成了营销部门的一员，还换了直属上司。

不幸中的万幸是，一直以来我都需要参加由席勒召开的管理层周例会，所以我早就认识席勒，也十分喜欢他。多年来，席勒一直负责教育领域之外其他产品的营销活动。在这次变动之前，在教育领域的产品营销方面，席勒主要负责决定是否批准教育部门的大型营销计划，以及利用他的影响力推动营销计划的进展。而如今，在任务已经十分繁重的情况下，他还需要负责教育领域具体的产品营销项目。我深知，这项新增的职责对他来说并不轻松。在经历这一系列的变动之后，我虽然依旧是教育副总裁，但已经成为公司产品营销团队的一员，而且不用负责任何销售方面的事务。

虽然席勒和我管理风格不同，但我一直十分尊重他。当时，我最担心的莫过于新团队和负责人无法深刻理解教育市场的复杂性。这些复杂的细节很难解释清楚，更不用说在短时间内理解透彻了。比如说，在美国，没有统一的"教育市场"，只有数千个不同的"教育市场"。每个州、县、市、镇，甚至每所学校都有不同的法规、政策和指导方针。苹果公司如果像大多数教育类公司那样，以统一的营销方式对教育产品进行定位并销售，那么在教育市场中必定会栽跟头。

值得庆幸的是，对于我所担心之事，席勒确实花了大量时间仔细倾听。他也清楚地认识到了教育市场中的困难和挑战。关于苹果公司在教育领域的大方向，我提出了自己的看法。席勒对此表示非常支持，因为他知道这是乔布斯愿景的延伸。席勒甚至告诉我："在教育市场上，你走过的桥可能比我走过的路还多。"这番夸赞实在令我愧不敢当！尤其是想到在这之前，我还曾失礼地误将他的母校波士顿学院称为波士顿大学。

加入"连接教育"计划

在席勒手下的产品营销团队工作了几年之后，我突然迎来了一个新的机会。当时，库克向员工们重新阐明苹果公司的价值观时，他用了一个乔布斯多年前曾使用过的比喻，并稍微进行了修改。以前，乔布斯曾将苹果公司描述成一个"三脚凳",并指出 Macintosh、iPhone 和 iTunes 三大核心业务就如同这个凳子的三只脚。乔布斯的比喻总能起到化繁为简的作用,从而使所有人都迅速抓住重点,并将精力放在共同目标和全局之上。现在,库克则将苹果公司的企业文化重新定义为一个"四脚凳",而这个凳子的四只脚分别为:多样性、隐私和安全、环境、教育。

乔布斯曾说,"教育被刻在了苹果公司的 DNA 里"。现在,首席执行官库克也正式将教育列为苹果公司的"核心价值观"之一,这与乔布斯的想法一致,无疑令我感到振奋。我以为,库克的这份新声明,意味着苹果公司从现在起将更加重视教育领域,并以此为起点来设计、制造、销售创新型教育产品,从而达到提升教育质量的目的。然而,事实并非如此。随后,公司决定将我从产品营销部门调往政府和社区事务部,在执行副总裁丽莎·杰克逊(Lisa Jackson)手下工作。

当时,我一心希望在这个新领域大干一番,启动教育项目、调整教育计划。库克曾承诺,苹果公司将向美国政府的"连接教育"计划捐赠 1 亿美元。"连接教育"计划由美国前总统奥巴马发起,是一项旨在为全美所有学校提供可靠的高速宽带的大型计划。苹果公司的捐赠,能让数百所低收入学校的学生有机会接触到 iPad 和 MacBook 等重要学习资源。这意味着苹果公司将首次与美国政府展开密切合作,我知道这可能会给公司带来各种新的机会。彼时,苹果公司在"连接教育"计划中的一切事宜,均由杰克逊带领的政府和社区事务团队负责。在我的帮助下,我们成功将团队打造成"连接教育"计划特别任务组中的苹果公司代表队。

加入特别任务组后,我产生了一个重要想法。之前,任务组一直邀请学校提交提案,但这些提案基本上都被否决了。于是,我提出先将有

96%的学生吃免费或打折午餐的学校筛选出来，然后只邀请这些学校提交提案。如此一来，不仅提交提案的学校数量得到了有效控制，还确保了提交提案的学校是真正需要帮助的学校。

在加入政府事务部之后，我曾向杰克逊解释说，"连接教育"计划不仅是为了升级学校基础设施和计算机设备，指导学校制订相应的战略和计划，开展相应的教师培训同样十分重要。我告诉她，我们最不应该做的事情是，在学校尚不知如何合理使用技术时，就不管三七二十一，直接将技术产品交给他们。如果我们在没有为教师提供足够培训的情况下，就向学校捐赠大量计算机，将给苹果公司带来长期伤害，甚至远远超过短期盈利。这一点是我对教育领域最深刻的认识。因为我知道，这样做不仅会使苹果公司获得捐赠无用产品的坏名声，还会使人们对所有教育领域的技术产生负面评价。独自挑起政府和社区事务部的大梁并非易事，所以杰克逊可谓心有余而力不足。在我加入该部门之前，她的任务已经十分繁重；而现在又增加了与"连接教育"计划相关的事宜，这使得她肩上的担子更重了。因此，在我提出一些教育方面的建议和独特想法之后，她似乎有点不知所措，这对我来说也是意料之中的事。

在逐渐适应新部门之后，我坚持认为，苹果公司对教育领域进行的任何捐赠，都应将教师专业发展计划纳入其中。经过数月的深入研究，我以无可辩驳的数据作为支撑，向杰克逊陈述了我的观点。我的第一个想法是，为所有加入"苹果一对一"计划的学校免费提供3~5年的专业发展指导。或者更简单来说，我们可以参照"连接教育"计划，以相同的方式为参加"苹果一对一"计划的学校予以帮助。

我的第二个想法是，把教育业务独立出去，以非营利的模式运营。我认为这不仅将给公司带来长期效益，而且将使教育在苹果公司的价值

第16章　继任者领导下的苹果教育

体系中处于核心地位。如此一来，负责教育业务的团队便能将精力集中于探索并展示公司的技术产品"为什么"重要，并以此来支持营利性销售和营销团队。此外，我们与美国政府的合作，以非营利模式运营，将使人们意识到苹果公司并没有盈利方面的动机，这将显著提高我们获得政治支持的机会。同时，此举还将使更多人了解并接受我们的"明日苹果教室"计划的研究结果，以及以这些研究结果为基础开发的"挑战式学习"模型。

我还指出，我们可以在无须投入太多资金的情况下达成这些目标。之所以这么说，是因为在此之前，我对苹果公司各部门分发出去的"礼物"做了一个大概的统计。经统计，这些"礼物"高达10亿美元，而苹果公司还没有人意识到我们捐赠的总金额竟如此庞大。我指出，之前教育业务的利润是销售额的10%，如果现在苹果公司把以前零碎的捐赠转移到教育领域，那么这将会使公司产生巨大影响。一想到我可能会把这些疯狂的想法变成现实，我就感到异常兴奋。然而，这些想法最终都被杰克逊否决了。现在，苹果公司似乎十分满足于维持现状，而这恰恰是乔布斯曾经最厌恶的状况。

没过多久，杰克逊就意识到，在她工作已经十分繁重的情况下，试图接受并落实我在教育领域雄心勃勃的想法，几乎是不可能的。于是有一天，她将我喊去她的办公室，并向我说明了当前的情况。她指出，如果我去企业和教育产品经理苏珊·普雷斯科特（Susan Prescott）手下工作，我的想法可能会落实。而彼时，普雷斯科特的直属上司正是负责产品营销的席勒！我不禁觉得好笑，只好温柔地提醒她，之前在营销部门时，我的直属上司就是席勒。随后，我又问她，为什么她把我调去席勒的下属手下工作。她说不出个所以然来。那天，走出她的办公室时，我不禁想，苹果公司这个"四脚凳"可能要倒了，因为它的"教育腿"明显断了。

虽然我对杰克逊的提议持保留意见，不过我仍深入思考了一番。最终，我认为回到营销部门毫无意义。于是，我向人力资源部门解释了这一情况，他们认同了我的看法，这令我松了口气。他们也同样认为，杰克逊可能永远都不会把精力集中于教育领域，因此我继续留在她手下工作就没有太大意义。我之前参与了许多全州范围内举行的各种会议和演讲活动，并由此为苹果公司的教育业务的销售打开了大门，于是，他们建议我调往销售部门。如此一来，我便可以用"苹果公司教育代言人"的身份在各种会议上发表演讲。这个建议听起来很不错，但这同样意味着我将不再担任任何管理职务。事已至此，我虽心有不甘，却也无能为力。我转而又想，这或许并不是个坏主意。再说，短短两年时间，我已经从一位管理过750名员工的管理者变成一名"光杆司令"。如今，教育领域已经没有任何可以运营的项目，那这有名无实的"管理职责"对我而言还有什么意义？

将教育热情带入新角色

于是，我再次接受了职位调动。这次，我加入了苹果公司销售部门，在全球教育市场销售副总裁道格·贝克（Doug Beck）手下工作。不久前，他刚招聘了一位美国教育市场销售副总裁。虽然负责教育市场是乔布斯将我召回苹果公司的初衷，但从那时起，我不再拥有任何管理职责，也不再直接参与教育市场的任何销售或营销活动。然而，我仍一如既往，全身心投入工作之中，并打算充分利用这个新机会。我开始频繁参加由州教育委员会召开的会议以及各种督学会议，并发表更多的演讲。我对学习过程一直有着浓厚的兴趣，而这一新角色极大地调动了我的这种兴趣，因为现在我需要经常与数千名教育领域的一线工作者面对面交流。

第 16 章 继任者领导下的苹果教育

我还发现，当我在公开场合表达对教学的热情能够感染他人时，我的热情会更加高涨！

事实证明，我的演讲不仅使苹果公司在教育领域的销售额不断增长，而且还带来了额外的好处，即让人们了解技术在整个学习过程中所发挥的巨大潜力。我很快就意识到，接受这一新角色的决定是正确的，因为这可以为苹果公司、教师和我自己打造了一个"三赢"的局面。自乔布斯去世以来，"明日苹果教室 2.0"计划的研究结果、"挑战式学习"教学法、"连接教育"计划、巴西项目以及一些其他重点项目（与 Knotion 公司、Oxford Day Academy、Varmond 等的合作项目）使我变得乐观。几十年来，教育领域的问题犹如沉疴，而如今我终于找到了有效的解决方案。然而，无论我的演讲有多成功，我想要传达的观点和想法始终无法传达给足够多的受众，也无法将这些解决方案付诸实践。因此，在工作之余，我开始以自费的方式与哈佛大学教育研究生院展开合作，旨在重新定义和简化我的观点，以覆盖更广泛的受众。在此次合作中，我以多年来的演讲为基础，写了《学习的升级》一书。

想要解决美国教育领域的问题并非易事，而撰写一本如何解决这类问题的书也同样如此。彼时，我与哈佛大学教育研究生院的研究生贾森·汤（Jason Towne）进行了合作。他的重点研究领域是教育心理学，该领域是教学和学习中一个极为重要，但常常被忽视的领域。凭借贾森·汤在学习动机方面的专业知识、我对教育技术的理解，以及我们两人加起来在教育领域拥有的 50 年经验，我知道我们将会成功撰写出一本独一无二的书。只花了一年多的时间，我们就完成了这本书。这本书不仅有效简化了我在之前各种教育演讲中想要传达的观点，更重要的是，它还真实地还原了乔布斯和我们对未来教育的愿景。

学习的挑战　My Life at Apple

《学习的升级》表达了一个大胆的教育愿景。该书深入探讨了动机心理学在教育领域发挥的作用，及其与教育技术能否获得成功的直接关系。它探讨了我们在多大程度上能够认识到数字原生代的本质特征，还讲述了教育领域几种新兴的技术（苹果公司已完成多项技术的开发）。此外，该书还探索了我们应如何以苹果公司的"挑战式学习"研究为基础，打造具有创造性、协作性、相关性和挑战性的独特学习环境。换句话说，如果苹果公司想向更多受众传达其关于教育技术的想法，那么这本书再合适不过了。

在动笔写那本书的两年前，我就曾试图确保这一行为不会违反苹果公司的规定，同时让公司的高管知道，这本书将不会对公司发表任何负面的评论。为此，我向苹果公司的高管和律师们详细解释了这本书的目的和内容，甚至解释了公司可能会因此间接受益。我告诉他们，这本书本质上只是我之前演讲的详细版本，与苹果公司的产品无关，只是为了揭示教育技术在21世纪所需的新型学习模式中的重要作用。当然，这一定会有助于苹果公司销售相关产品。我指出："事实上，只要人们读完这本书，他们就会很清楚地认识到，改变教育模式的最佳合作伙伴非苹果公司莫属，因为苹果公司已经在教育领域深耕了30多年。"随后，苹果公司的高管和律师们对我撰写这本书表示了许可，这令我感到无比激动。

于是，我和贾森·汤与一家知名出版商签订了合同。我感觉自己离实现乔布斯关于教育的宏伟愿景又近了一步，而且这次的步伐更大。可惜的是，就在《学习的升级》出版前一周，道格·贝克将我喊去他的办公室，并告诉我法务部"不想开创苹果公司高管写书的先例"，无论我的书是否涉及苹果公司！如果那天是4月1日的话，我肯定会以为这是个愚人节玩笑。但事实是，贝克这番话认真得不能再认真了。于是，我

第16章 继任者领导下的苹果教育

只好提醒他，不论是他，还是苹果公司的法务部以及高管，都早在一年多以前就已知道我要撰写这本书，但从未表示过任何不妥，甚至连暗示都没有。我还告诉他，市面上已经有了一本关于"明日苹果教室"计划的书，所以我绝非"先例"。

贝克耸了耸肩，向我道歉，并表示他对此也无能为力。随后，他指出，如果我愿意辞去苹果公司教育副总裁的职位，以独立承包人的身份与苹果公司合作，我仍可以出版这本书。他解释说，我可以用独立承包人的身份继续代表苹果公司教育部门发表演讲，而我的薪酬也将保持不变，但是这种待遇只能维持一年，一年之后，公司将减少我演讲的次数，并按演讲次数以最低价格向我支付报酬。这意味着，我将不再是苹果公司的员工。对于这个建议，我很不高兴，感觉自己遭到了背叛。因为苹果公司的高层和法务部早就知道这件事，但未曾制止我这样做。现在，我已经和出版商签订了合同，他们却突然出尔反尔。

不仅如此，当贝克给我这个"选择"时，他表示得很清楚：这是我的唯一选择。这令我很不悦。但这些年来我逐渐意识到，随着年纪的增长，一个人的耐心会逐渐降低，而那时我已经72岁了，早已失去了与他们继续理论的耐心。过去几年里，苹果公司频繁地调动我的工作岗位，令我心生厌倦；对于想要高层批准重塑教育部门的那些疯狂想法，我也早已不抱任何希望。我即将步入退休阶段，是时候离开苹果公司，迈向新的旅程了。我会凭自己的力量去传播重塑教育的想法。即便没有苹果公司的支持，我也会尽力寻找各种方法去实现乔布斯的教育愿景。因此，我同意了贝克的提议，并就离职金和之后的合作细节进行了协商。于是，在我的职业生涯中，我又一次结束了苹果公司员工身份。具有讽刺意味的是，在我的书出版一年后，苹果公司首席执行官库克也顺利出版了他自己的书。

学习的挑战　My Life at Apple

开启人生新旅程

实际上，离开苹果公司令我喜忧参半。一方面，苹果公司以这种方式让我离开，我十分失望，我觉得自己像是被迫放弃了生命中最重要的一件事情。另一方面，我又感到松了口气，因为如今我终于可以将全部精力放在教育上，而不仅仅是销售。当然，我将无法再使用"教育副总裁"这个极具影响力的头衔，然而没过多久我就发现，我根本无须使用这个头衔来营造声势。因为自始至终，我的头衔都无法定义我的全部。

我离开后不久，苹果公司在教育市场的份额开始下滑。如我所言，如果不围绕教学和学习需求去设计并销售产品，而将精力集中于向教育市场推销昂贵的技术产品，那无疑是一件大错特错之事。这会导致人们将手中的计算机等技术产品视为娱乐工具，而无法认识到这类产品能够挖掘每位学生独特的潜力。

由于未能获得苹果公司管理层的支持，所以《学习的升级》中的种种想法未能落实。但幸运的是，书中的观点迅速在世界各地传播开来，从墨西哥到英国，再到日本、韩国、中国。这本书不仅被翻译成多种语言，销量也十分可观。上市几周之内，该书就获得了无数好评，大量读者在亚马逊上给出了 5 星好评。看到乔布斯和我私下讨论了许多年的想法，如今终于有机会传播给大众，这令我感到无比振奋。在中国，《学习的升级》不仅销量喜人而且好评不断，最终成为 2019 年最畅销的教育类书籍。这无疑表明了全世界都对教育领域的变革具有强烈的需求。

如今，我已经在我的生命之中增添了一段新的经历。从今往后，我

第 16 章 继任者领导下的苹果教育

可以按照自己的方式和主张自由行事。虽然现在这个面目全非的苹果公司成功将我逐了出去，但我为曾经那个乔布斯创立并执掌的苹果公司所倾注的数十年血汗和泪水，永远也没有人能够夺走。我将永远是苹果公司第 54 号员工、第一位软件部门副总裁、为 Lisa 计算机感到无比自豪的"Lisa 之父"之一，以及第一位教育副总裁。最重要的是，我还是世界上最具传奇色彩的远见卓识者乔布斯的同事和朋友。这段忙乱而非凡的旅程，见证了我在苹果公司的日子以及我认识的乔布斯。

结语

学习的升级是一场无限的游戏

让我们去创造明天，而非纠结于过往。

史蒂夫·乔布斯

在离开苹果公司的几年前，我和教育团队计划在苹果公司国际教育会议上发表演讲。彼时，我邀请了畅销书作家西蒙·斯涅克（Simon Sinek）。斯涅克撰写的《从"为什么"开始》（*Start with Why*）一书，不仅激励了世界各地的领导者重新思考他们的公司和组织存在的初衷，同时还鼓励他们在思考"是什么"和"怎么办"之前，先思考清楚"为什么"。在那次演讲结束后，我和斯涅克乘一辆出租车去往机场。路上，我们聊到了苹果公司和微软公司对教育产品所持理念的差异。几年后，他在《无限的游戏》（*The Infinite Game*）[1]一书中，向读者讲述了那次很有意思的对话。

---
[1] 斯涅克在书中转换视角，引导沉迷于"赢得战争"的人们思考如何建立一个足够强大、健康的组织，让它能在商业无限的游戏中永远存续。该书中文简体字版已由湛庐引进，天津科学技术出版社于2020年出版。——编者注

学习的挑战　My Life at Apple

那次，在出租车上，斯涅克告诉我，在参加苹果公司国际教育会议不久之前，他也曾在微软公司教育会议上做过类似的演讲。两家公司对教育的不同看法，让他觉得很神奇。斯涅克回忆说，在微软公司的教育会议上，高管们在台上所做的演讲几乎都只围绕着一个主题——"打败苹果公司"。相较而言，苹果公司的演讲者全部都在围绕"帮教师教、帮学生学"这一主题展开讨论。他的言下之意是，微软公司将重点放在了击败竞争对手上；而苹果公司则致力于推进教育愿景，斯涅克称之为"崇高事业"。

斯涅克在《无限的游戏》一书中还回忆起这样一件事情。他告诉我，微软公司送给他一个 Zune 便携式媒体播放器。在他看来，微软公司的 Zune 的性能优于苹果公司的 iPod。对于我的回应，他引用了我的原话，"我对此毫不怀疑"。我之所以会这么说，是因为我深知，如果一款产品无法体现出企业对"为什么"的思考及"崇高事业"的话，那么哪怕这款产品的性能再好，也没有太大意义。我根本不在意人们认为 Zune 是一款性能优于 iPod 的产品（事实也并非如此），因为一款产品的性能优劣之争其实毫无意义，除非它是一个大型长期计划的一部分。

不妨让我以一个事实来解释上述这番话的含义。苹果公司在 2001 年推出第一代 iPod 之后，又推出了与之相关的多款产品：iPhone（2004 年）、iPod Touch（2007 年）和 iPad（2010 年）。这些功能强大的产品均在一个通用的综合平台上运行，这个平台有着成熟的应用程序生态系统，因此全世界的人都能利用这些产品来改变教学和学习模式。Zune 能做到这些吗？公平地说，微软公司后来的确推出了一款名为 Zune HD 的产品。然而 3 年之后，微软公司就彻底关停了整条产品线。其实，两家公司真正的区别在于公司的领导层，以及他们优先考虑的事情。乔布斯不仅拥有斯涅克说的"无限愿景"，而且向公司的每名员工都灌输了一种紧迫的使命感，使我们开发的产品具有独特的目的性。

结 语 学习的升级是一场无限的游戏

当斯涅克在书中讲述我们之间那次谈话时，他将我的回应称为"拥有无限思维模式的领导者的自然反应"。"无限思维模式"指的是一种先破而后立的思维模式，这可以鼓励领导者积极采取颠覆性战略或商业模式，以不断推进崇高事业向前发展。2019年，我第一次阅读这本书。当我发现自己的故事出现在这本优秀的领导力著作中，以及斯涅克竟如此高看我的领导力时，我感到不胜荣幸。平心而论，《无限的游戏》给人带来诸多启发，也让我更加坚定了自己重塑教育的决心：任何事情都不能阻挡我的脚步，即使是全球性大流行病也不能。

2020年初，新冠疫情迅速席卷全球，死亡病例不断攀升，成为历史上最为严重的全球性流行病之一。几乎每个国家都开始采取严厉措施，以减缓疫情传播。随着美国宣布进入罕见的"国家紧急状态"，大多数州也开始颁布"居家令"，除"一线工作人员"，其他人都必须待在家中。一夜之间，家长、学生和教师（居然不属于"一线工作人员"）全都不能外出，这导致美国所有K-12学校全都暂时关闭。

在新冠疫情暴发之前，多数地方政府和学区长期以来一直不愿在重要技术资源方面做任何投资。他们没有认识到（因此也就无法利用）技术所拥有的巨大潜力，而是顽固地采用工业革命时期的教育模式。显然，学校管理人员和教育界领导者认为，学生们必须使用传统的课桌椅，坐在传统的教室里，以传统的教学模式接受传统教师的授课，才能学到知识。虽然很多学生在这种过时的教学模式下苦苦挣扎，但教育界领导者仍在秉持这些错误的信念。

突然暴发的新冠疫情向他们发出了警报，使他们从故步自封的睡梦中惊醒。学校领导者们发现，自己只能眼睁睁地看着传统教育模式在疫情的压力之下突然崩溃。雪上加霜的是，大多数学校领导者之前并未针对数字学习环境做任何投资，所以他们无法让学生们轻松过渡到远程学习模式，另外，他们也没有任何可行的备用方案。而早在新冠疫情暴发之前，各种类型的数字学习环境、家庭学校和远程学习模式就已经存在了。当然，这类学习模式并不完美，不过其中大多数学习模式所需的资金投入并不高，有些甚至是免费的。学校领导者们之所以一直没有采用这类学习模式为传统授课模式的补充，并非因为他们认为其存在缺陷或者价格高昂，而是因为他们认为没必要。

事实证明，他们错了。突然之间，数百万校长、教师和家长纷纷努力研究如何才能有效地利用技术进行远程学习。虽然教育类软件和硬件的销售额激增，但大部分产品并未得到有效利用。其主要原因在于，此前教师们未能接受远程教学的相关培训，这一点对于教育类技术产品能否发挥作用至关重要。将这种局面称为一场灾难，也可能是过于保守的说法！学校和学区的领导者不仅大大低估了教育领域对远程教学模式、数字化课程和教师培训的需求，也从未对未来教育有过新的愿景。

相比之下，乔布斯一直对未来教育持有明晰的愿景。他清楚地指出："所有教科书学习资料和学习评价都应该以数字化及互动的形式，为每个学生量身定制，并能为他们提供实时反馈。"在疫情导致美国全面停课之前，学校领导者就应拥有这种"无限愿景"，以防止美国教育系统完全崩溃。不幸的是，即便这种富有远见的理念早已存在了数十年，他们却非要等到教育系统瘫痪之后才认识其重要性。

乔布斯在苹果公司的目标绝非仅仅是销售产品，更是销售这些产品包含的"为什么"。他指出，如果我们找对方法，那么产品的销量将不是问题。作为那时的教育副总裁，我将这一理念牢记于心。斯涅克所目睹的我在会议上热情洋溢的演讲也体现了这一点。在我任职期间，"崇高事业"

始终是苹果公司教育部门的不竭动力,它让我们始终将使用产品视为"改变教育模式,使其更好地满足当今数字原住民需求的一种手段"。这并不是一个新的理念,而是以乔布斯非常明确的教育愿景为基础所做的延伸。

遗憾的是,2018 年,苹果公司在教育领域不再以推进"崇高事业"为目标,反而转向了传统的销售模式。这种转变体现在一系列关键决策中,其中包括:将教育部门打散并重新分配到其他部门中去;无视"当代明日苹果教室 2.0"计划研究结果及"挑战式学习"教学法;关闭教育平台 iTunes U。iTunes U 原本有潜力在疫情期间成为发布数字内容的热门教育平台,并为学生们提供个性化的学习支持服务。然而,苹果公司对教育部门做的改变,彻底颠覆了教育部门在过去 18 年以来所秉持的理念,而最终为此付出代价的正是学生。

《学习的升级》获得的成功,让我认识到无数人都在渴望真正的教育变革。几乎每天,我都能听到有人发表和我相似的观点。他们同样坚信,教育的目的不应只是死记硬背,而是帮助孩子挖掘他们独特的天赋,并帮助他们超越所有设想的限制。教育是一个复杂的难题,虽然仅凭技术永远也无法解决这一难题,但毫无疑问,技术将会且必须在未来教育中发挥重要作用。智能手机、智能手表、应用程序、社交和互动媒体、人工智能等创新技术不仅成功应用于各种现代行业,也不断融入我们的个人生活之中,重塑了我们的衣食住行、工作生活等方方面面,甚至包括我们的大脑!然而,技术却唯独没能重塑教育。这种情况必须改变。

从苹果公司离职以后,我开始准备迈上新征程。然而,这次的不同之处在于,我有意将新的征程与过去的经历联系起来,正如乔布斯在斯坦福大学的毕业典礼演讲中建议的那样。我曾经是一个只着眼于未来的人,但如今我深知:一个不理解、不重视自己的经历的人,将无法抵达自己未来想去的地方。于是，我开始从"孩子们不能再等"、"明日苹果教室"、"明日苹果教室 2.0"、iTunes 和"连接教育"等项目，以及圣达菲基督学校任职经历中吸取经验和教训，在离职之后将精力集中于教育领域，并积极寻找重塑教育的机会。从苹果公司离职之后，仅仅几年之内，我就以领导、资助等方式支持了多家实体企业的发展，其中的三家规模较大、前景可观，它们是 Beyond Schools、Oxford Day Academy 和 Reach University。

Beyond Schools 是一个数字化在线学习平台，旨在为 3～16 岁儿童和青少年提供基于"挑战式学习"教学法的课程。该平台由墨西哥屡获殊荣的教育软件开发商 Knotion 公司精心打造。Knotion 公司将 Beyond Schools 引入美国后，我与该公司展开了合作，目的是将数字化课程免费提供给学生们。Oxford Day Academy 是一所由马洛里·德维内尔（Mallory Dwinell）负责主管的实验学校。德维内尔毕业于哈佛大学，他成功地整合了"牛津导师制"教学法和"挑战式学习"教学法，使学生得以合理分配校外开展实践和校内学习理论的时间。虽然 Oxford Day Academy 是专门针对学习落后于同龄人三到四个年级的后进生开办的学校，但无论以何种标准来衡量，该校都取得了非凡的成就。Reach University 则是一所已获资格认证的在线专业发展大学，我是资助人之一。该校旨在培训教师应用已经验证但未被充分利用的教学法，例如"挑战式学习"教学法和"牛津导师制"教学法等。该校还将与一个独特的教师实习计划进行合作，通过为农村教育工作者提供培训，使其掌握 21 世纪的新教学方法，从而帮助解决美国教师短缺问题。

余生，我将致力于重塑教育。我将尽我所能，让所有学生都有机会接触到数字化学习资源和个性化远程学习模式，并产生良好的效果。同样重要的是，我将继续努力让尽可能多的教师能够获得更加专业的发展，确保更多的学生能为现在和未来将面对的挑战做好准备。我是一个乐观

结　语　学习的升级是一场无限的游戏

且现实的人，我深知想要实现如此崇高的目标并非易事，并且单凭一己之力无法达成这一目标。因此，我将不断与志同道合的人展开合作，以无限思维模式和不同方式去思考问题，成为乔布斯口中"那几颗能够为圣代增加价值的坚果"。

在《无限的游戏》中，斯涅克指出："当富有远见的领导者做出攸关存亡的变化时，在外界看来，他们仿佛拥有了预知未来的能力，而他们其实并没有这种能力。但他们确实对一个尚不存在的未来有着清晰且执着的构想，这就是他们的崇高事业。这些领导者会等待时机，仔细观察，寻找能有助于朝这个构想迈进的想法、机会或技术。"我想，没有人能比乔布斯更符合这种描述。

乔布斯预知未来的能力实际上源于他对创造未来的痴迷。与当今教育界的许多领导者不同，他更愿意选择积极主动而非消极被动，更愿意选择创新而非传统。数代人以来，有限的领导力导致教育领域沉疴难愈，不仅使学校沦为标准化考试的海洋，还给学生和家长制造了一种未来会获得成功的错觉。

教育是一场无限的游戏，永无止境。这场游戏无关哪家企业将能设计出最好的计算机，也无关哪家企业的产品销量最好；无关学生在有限的时间能否掌握某些知识内容，也无关学生的成绩等级、考试分数或者平均学分绩点。没错，在这场教育领域的无限游戏中，我们不是为了"赢"，而是为了能继续玩下去，是为了在过往的经历中建立起联系，并以此来指导我们不断向前。我认识的乔布斯教会了我如何玩这场游戏。在离开苹果公司之后，我仍会继续玩下去。

MY LIFE　跋
AT
APPLE

献给史蒂夫·乔布斯

  这本书记录了我一生中大部分的经历，这些经历使我成为苹果公司的第 54 号员工。在那里，我担任苹果公司的高管和副总裁职务长达数十年，并与苹果公司的联合创始人史蒂夫·乔布斯建立起深厚的情谊。他不仅是我的上司，更是我的朋友。本书不是乔布斯的传记，也不是苹果公司的官方发展史。我尽最大的努力保证所有姓名、日期、事件、引述及其他信息都是准确的，但当信息无法考证时，我只能依靠记忆。在整本书中，我展示了乔布斯的各个方面，其中包括他的行为、个性、特征和动机，但这些都是以我个人的视角和经历去解读的。换言之，这本书讲述的就是我在苹果公司的经历和我所认识的乔布斯——或许与你们了解或者听说的乔布斯截然不同。

未来，属于终身学习者

我们正在亲历前所未有的变革——互联网改变了信息传递的方式，指数级技术快速发展并颠覆商业世界，人工智能正在侵占越来越多的人类领地。

面对这些变化，我们需要问自己：未来需要什么样的人才？

答案是，成为终身学习者。终身学习意味着永不停歇地追求全面的知识结构、强大的逻辑思考能力和敏锐的感知力。这是一种能够在不断变化中随时重建、更新认知体系的能力。阅读，无疑是帮助我们提高这种能力的最佳途径。

在充满不确定性的时代，答案并不总是简单地出现在书本之中。"读万卷书"不仅要亲自阅读、广泛阅读，也需要我们深入探索好书的内部世界，让知识不再局限于书本之中。

湛庐阅读 App: 与最聪明的人共同进化

我们现在推出全新的湛庐阅读 App，它将成为您在书本之外，践行终身学习的场所。

- 不用考虑"读什么"。这里汇集了湛庐所有纸质书、电子书、有声书和各种阅读服务。
- 可以学习"怎么读"。我们提供包括课程、精读班和讲书在内的全方位阅读解决方案。
- 谁来领读？您能最先了解到作者、译者、专家等大咖的前沿洞见，他们是高质量思想的源泉。
- 与谁共读？您将加入优秀的读者和终身学习者的行列，他们对阅读和学习具有持久的热情和源源不断的动力。

在湛庐阅读 App 首页，编辑为您精选了经典书目和优质音视频内容，每天早、中、晚更新，满足您不间断的阅读需求。

【特别专题】【主题书单】【人物特写】等原创专栏，提供专业、深度的解读和选书参考，回应社会议题，是您了解湛庐近千位重要作者思想的独家渠道。

在每本图书的详情页，您将通过深度导读栏目【专家视点】【深度访谈】和【书评】读懂、读透一本好书。

通过这个不设限的学习平台，您在任何时间、任何地点都能获得有价值的思想，并通过阅读实现终身学习。我们邀您共建一个与最聪明的人共同进化的社区，使其成为先进思想交汇的聚集地，这正是我们的使命和价值所在。

CHEERS

湛庐阅读 App 使用指南

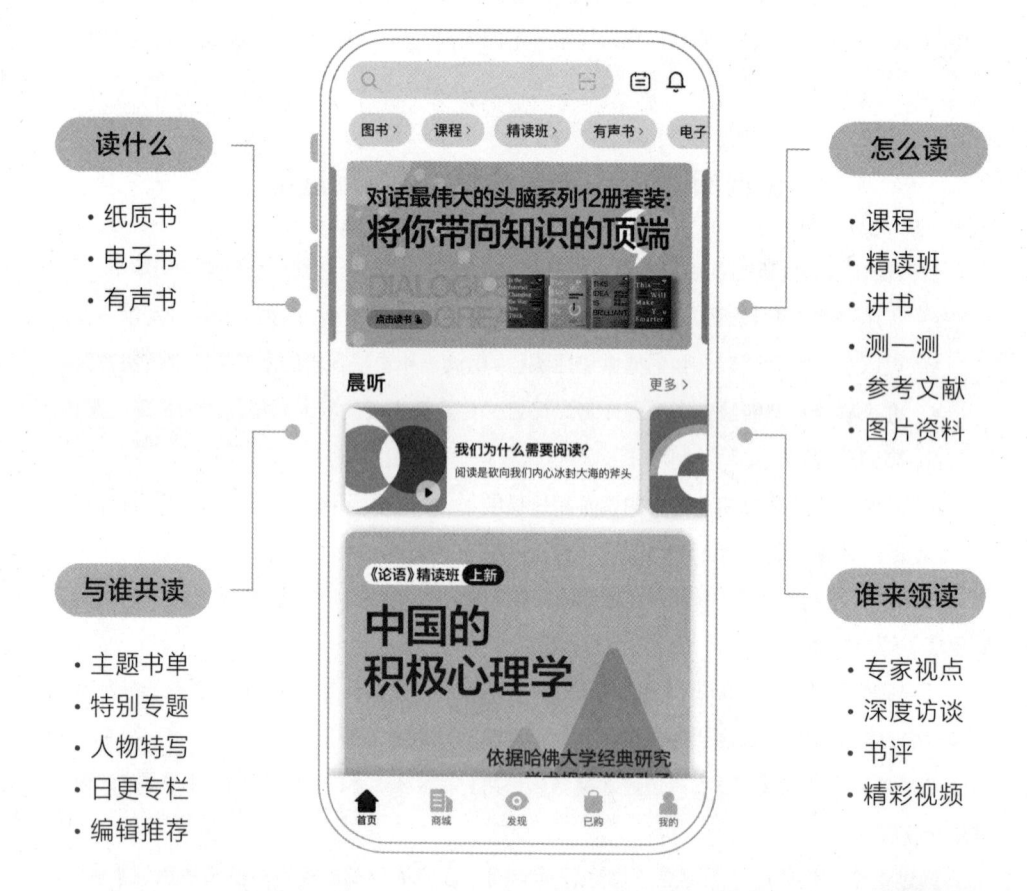

读什么
- 纸质书
- 电子书
- 有声书

怎么读
- 课程
- 精读班
- 讲书
- 测一测
- 参考文献
- 图片资料

与谁共读
- 主题书单
- 特别专题
- 人物特写
- 日更专栏
- 编辑推荐

谁来领读
- 专家视点
- 深度访谈
- 书评
- 精彩视频

HERE COMES EVERYBODY

下载湛庐阅读 App
一站获取阅读服务

My Life at Apple by John Couch and Jason Towne
Original English language edition published by Waterside Productions, Inc.
Copyright © 2021 by John Couch
Simplified Chinese Characters-language edition Copyright © 2024 by Beijing Cheers Books Ltd.
All rights reserved.
Copyright licensed by Waterside Productions, Inc., arranged with Andrew Nurnberg Associates International Limited.

本书中文简体字版经授权在中华人民共和国境内独家出版发行。未经出版者书面许可，不得以任何方式抄袭、复制或节录本书中的任何部分。

版权所有，侵权必究。

图书在版编目（CIP）数据

学习的挑战 /（美）约翰·库奇（John Couch），（美）贾森·汤（Jason Towne）著；徐烨华译. -- 杭州：浙江教育出版社, 2024.11. -- ISBN 978-7-5722-8814-2

Ⅰ. F471.266

中国国家版本馆 CIP 数据核字第 2024PQ4866 号

浙江省版权局
著作权合同登记号
图字：11-2024-421号

上架指导：教育创新

版权所有，侵权必究
本书法律顾问　北京市盈科律师事务所　崔爽律师

学习的挑战
XUEXI DE TIAOZHAN

约翰·库奇（John Couch）　贾森·汤（Jason Towne）著
徐烨华　译

责任编辑： 陈　煜
美术编辑： 钟吉菲
责任校对： 胡凯莉
责任印务： 陈　沁
封面设计： 湛庐文化

出版发行： 浙江教育出版社（杭州市环城北路 177 号）
印　　刷： 石家庄继文印刷有限公司
开　　本： 710mm ×965mm 1/16
印　　张： 18.50
字　　数： 255 千字
版　　次： 2024 年 11 月第 1 版
印　　次： 2024 年 11 月第 1 次印刷
书　　号： ISBN 978-7-5722-8814-2
定　　价： 109.90 元

如发现印装质量问题，影响阅读，请致电 010-56676359 联系调换。